Pix?
Trop Facile !

*Développez vos compétences numériques et préparez-vous à la **certification Pix universitaire.***

AVANT – PROPOS

 Après une bonne dizaine d'années d'existence, le C2i laisse donc la place à un nouveau programme pédagogique appelé Pix suivant une approche plus en phase avec le monde d'aujourd'hui, nos modes de fonctionnement et de communication.

Pix s'appuie avant tout sur notre adaptation au monde numérique présent dans notre quotidien qu'il soit professionnel ou privé.

Cet ouvrage a pour but de vous accompagner dans la mise en place des fondamentaux en informatique relatifs aux épreuves d'évaluation et de certification de Pix de niveau universitaire.

Il permet également de vous préparer au mieux et de manière durable pour l'avenir, que ce soit pour la poursuite des études mais également pour l'entrée dans le monde professionnel.

CONVENTIONS DE LECTURE

Ce manuel se veut avant tout pragmatique et pratique en adéquation avec les principes de Pix. Pour accompagner au mieux nos lecteurs, les notions importantes à retenir **sont transcrites en caractères gras** et sont répertoriées également dans la rubrique lexicale. Les actions portant sur les menus et actions utilisateurs sont encadrés sous la forme : *Insertion/Champs* . Enfin, les exemples, citations et autres références utiles que vous retrouvez répertoriées en fin d'ouvrage sont indiquées *en italique.*

TABLE DES MATIÈRES

LES ENJEUX DE PIX

Il ne faut pas voir uniquement le Pix comme un simple moyen d'évaluation de nos savoirs numériques et la délivrance d'un certificat de compétences permettant de franchir les différentes étapes imposées d'un parcours scolaire, universitaire ou professionnel.

Pix impulse une toute autre approche pour appréhender le monde numérique en constante évolution. Cela va si vite que personne ne peut prétendre tout savoir et rester informer en temps réel de telle ou telle tendance, telle ou telle technologie.

Pix fixe le cap, la philosophie dans laquelle nous allons et nous devons évoluer dans les années à venir. Il n'est pas forcément indispensable de savoir systématiquement et immédiatement répondre à toutes les questions. L'idée ici est de savoir ce dont on parle, en comprendre les enjeux et agir avec méthode, bon sens pour en trouver les solutions avec justesse et efficacité.

Comment utiliser efficacement l'outil informatique ? Qu'ai-je le droit de faire et ne pas faire sur Internet ? Comment savoir que les informations sont fiables et pérennes ? Comment puis-je préserver et protéger mes données et mes informations personnelles ? Ce sont autant de questions qu'un jour ou l'autre vous serez amenés à vous poser - questions pour lesquelles les connaissances fondamentales acquises dans le cadre de Pix seront primordiales et vous aiderons dans votre quotidien.

Par ailleurs, asseoir des solides compétences, faciliter et rendre efficace la production de documents de qualité, renforcer notre capacité à collaborer, partager des informations ou tout simplement permettre de mieux comprendre le monde qui nous entoure afin d'évoluer plus facilement dans sa vie professionnelle et personnelle, tels sont les vrais enjeux que doit susciter Pix.

Pix n'a pas pour vocation de vous faire devenir un informaticien chevronné mais plutôt un utilisateur averti, efficace, responsable et rationnel ayant une réelle maîtrise de l'usage des outils informatique.

LE PIX EN 16 COMPÉTENCES

Inspiré de son prédécesseur, le C2i niveau 1, découpé en 5 domaines présentant 20 compétences indépendantes, Pix est organisé différemment, plus en phase avec les tendances actuelles.

Pour faire un ultime parallèle sur le C2i pour lequel l'ensemble des compétences devaient être maîtrisées et évaluées, l'originalité de Pix tient sur le fait que nous n'avons pas besoin à tout moment des mêmes compétences.

Dans les chapitres qui suivent nous détaillerons les différentes compétences attendues en faisant des liens précis avec à la fois sur des situations réelles de la vie de tous les jours mais aussi avec les attendus tels qu'ils sont présentés lors des phases de tests et d'évaluations de compétences sur la plateforme Pix.

Ne soyez pas surpris d'une redondance concernant certaines notions au sein des différents chapitres de l'ouvrage. Des concepts fondamentaux tels que : La gestion des fichiers, la gestion des mots de passe ou encore la sauvegarde des données, la Netiquette, la recherche d'informations fiables, etc. sont des sujets vitaux qui requièrent une insistance particulière dans le cadre de Pix et qui justifient parfois quelques répétitions.

Pix permet avant tout de refléter vos connaissances réelles, de constituer et de mettre à jour votre profil personnel en vous permettant de faire évoluer vos propres compétences suivant vos besoins et vos envies.

La plateforme Pix

La plateforme Pix est accessible à tous depuis l'URL **https://pix.fr**

Cette plateforme vous permet notamment de vous évaluer, suivre vos scores et votre progression, accéder à de nombreux tutoriels d'explications et de formation et enfin vous préparer à l'étape de certification.

Il est vivement conseillé de vous inscrire sans tarder en créant un compte personnel qui vous servira tout au long de votre progression et vous permettra d'accéder aux séances d'entraînement et d'évaluation comme vous le souhaitez.

En naviguant sur la plateforme, vous découvrirez rapidement que Pix est organisé en 5 domaines distincts, découpés en 16 compétences et caractérisés par 6 niveaux possibles actuellement.

Score et niveaux dans Pix

Une fois connecté, votre score Pix, affiché en haut de votre page profil indique votre maîtrise globale des compétences numériques tel qu'évaluée sur la plateforme.

Si, à terme, 8 niveaux graduels sont prévus sur la plateforme, vous pouvez atteindre à ce jour au maximum le niveau 6 dans toutes les compétences, ce qui permet d'afficher un score maximum de 768 Pix.

Lorsque les niveaux 7 et 8 en cours d'élaboration seront disponibles, le score maximum sera alors de 1024 Pix.

Les niveaux Pix donnent une vision synthétique de votre maîtrise d'une compétence numérique donnée :

- Statut: « Novice »
  - niveau 1 : savoir faire avec aide.
  - Niveau 2 : savoir faire sans aide.
- Statut « Indépendant »
  - niveau 3 : en autonomie.
  - Niveau 4 : avec aisance.
- Statut « Avancé »
  - niveau 5 : capacité à réagir face à des situations nouvelles.
  - Niveau 6 : créativité.
- Statut « Expert » niveaux 7 et 8 (à venir).

Ces niveaux, en cours d'élaboration, portent sur l'innovation et l'expertise.

L'objectif de cet ouvrage, qui traite l'ensemble des 16 compétences du programme Pix, est de vous permettre de progresser afin d'atteindre les niveaux 5 voire 6 en corrélation avec les attendus du programme universitaire.

La certification Pix

Après avoir développé vos compétences numériques et procédé aux évaluations sur la plateforme Pix, l'étape de certification Pix vous permet de valoriser vos acquis.

Cette certification est reconnue officiellement par l'État et le monde professionnel comme le sont les certifications TOEFL ou TOEIC pour les langues. Étant donné l'évolution rapide et constante du numérique, la durée de validité de la certification Pix est de trois ans.

Pour pouvoir passer la certification Pix, il vous suffit d'avoir un compte Pix et d'avoir atteint au moins le niveau 1 dans 5 compétences. Depuis votre compte, en cliquant sur l'onglet " Certification ", un message vous confirme que votre profil est certifiable ou non.

Une fois que vous êtes certifiable, vous devez vous rendre dans un centre de certification agréé pour passer le test de certification. Votre établissement scolaire vous indiquera normalement la marche à suivre.

Pour les candidats libres, la liste des centres de certification ainsi que les démarches à faire sont consultables sur le site officiel de Pix, à l'adresse : https://support.pix.org/fr/support/solutions/articles/15000039372-la-certification-pix-c-est-quoi-

Comment s'effectue la certification ?

Une séance de certification dure environ 2h et doit, à ce jour, se dérouler obligatoirement en présentiel dans un centre agréé.

Le test consiste à vérifier que vous avez bien le niveau atteint conformément aux niveaux indiqués dans votre profil. Pour chacune des compétences pour lesquelles vous avez déjà atteint au moins un niveau 1, vous allez devoir répondre à trois questions.

Les questions qui vous sont posées sont des variantes d'épreuves réussies lors de votre positionnement. Elles vont permettre d'estimer votre niveau réel compétence par compétence.

Une fois votre épreuve de certification effectuée, vos résultats seront alors disponibles sur votre session dans la rubrique certification sous la forme de deux indicateurs : Le nombre récapitulatif de Pix obtenus et le score par niveau et par compétence.

Le tableau récapitulatif ci-après regroupe l'ensemble des compétences à ce jour proposées par le programme Pix et traitées dans cet ouvrage.

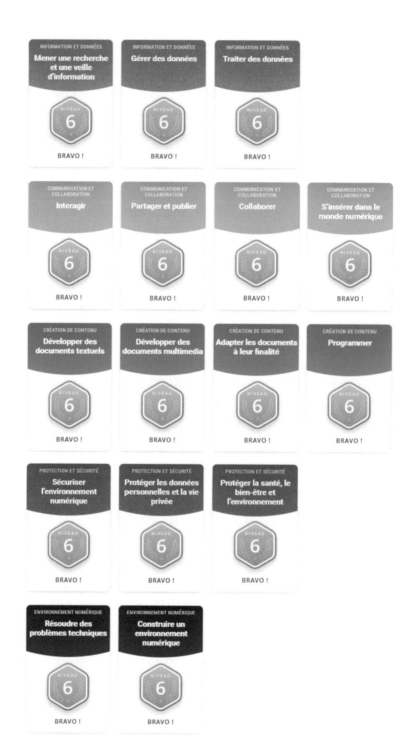

I. INFORMATIONS ET DONNÉES

Rentrons dans le vif du sujet à travers ce vaste chapitre essentiel en évoquant d'abord, ce qui relève de nos recherches sur Internet, de l'évaluation des informations que nous retirons et enfin de la gestion et le traitement de données à des fins d'exploitation et d'archivage.

I.1 Mener une recherche et une veille d'informations

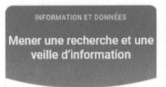

Aujourd'hui lorsque vous avez besoin de faire une recherche quelle qu'elle soit, vous êtes tenté d'aller sur Google, de tapez quelques mots clés qui vous viennent à l'esprit et vous cliquez sur les premiers résultats qui vous semble correspondre...

Mais, êtes-vous certain que ces résultats obtenus rapidement soient fiables et les plus pertinents ? S'agit-il de liens vers des sites vous informant objectivement par rapport à la question posée ou bien de liens vers des sites marchands, d'annonces publicitaires ?

Ce n'est pas le hasard si dans cet ouvrage, le déroulé des compétences débute par la recherche de données. En effet, vous verrez tout au long de votre parcours et de votre évolution que savoir bien chercher, en comprendre les enjeux est un atout important qui permet le plus souvent de trouver rapidement l'information fiable et pertinente telle qu'elle est attendue et ceci pour l'ensemble des compétences traitées dans Pix.

Dans ce contexte, nous devons être capables de mettre en place une démarche de recherche efficace afin d'évaluer avec discernement la qualité des informations trouvées. Nous devons pouvoir exploiter les informations et les ressources pour documenter nos propres productions en les référençant conformément aux usages et en tenant compte de leur potentielle qualité.

Enfin, nous devons être capables de mettre en place une **veille d'informations (ou informationnelle)** au moyen d'outils adaptés et d'organiser les références de façon à pouvoir y accéder en situation nomade.

Adopter une démarche de recherche efficace.

En une seconde, plus de 30.000 Go d'informations sont publiées dans le monde, plus de 2000 photos sont publiées sur Facebook ou encore 40.000 recherches sont lancées sur Google. Comme le met en évidence le site http://www.planetoscope.com/developpement-durable/Internet- duquel sont issus ces statistiques.

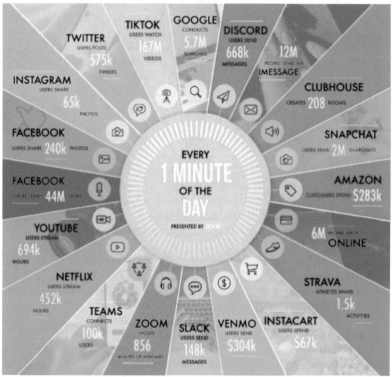

Illustration de chiffres significatifs 2021 : Source : https://www.domo.com

Devant autant d'informations issues de sources variées, il n'est pas évident d'effectuer des recherches efficaces sur Internet et de se tenir informé sur un sujet donné. Pour répondre à cette problématique, nous devons tout d'abord bien comprendre comment sont organisées puis restituées les informations accessibles sur Internet.

Il est donc important d'adopter une démarche de recherche rationnelle mettant en adéquation les besoins d'informations, les sources d'information et les outils de recherche mis à notre disposition.

Les principales sources d'informations

De part et d'autre du web, il est possible aujourd'hui d'accéder facilement à de nombreuses sources d'information à classer en 3 catégories distinctes :

- **Les sources d'information traditionnelles** (agences de presse, grandes organisations d'intérêt privé ou public, associations d'experts, publications scientifiques, etc.) qui diffusent des informations validées selon un processus établi. *(Par exemple, l'agence de presse AFP).*

- **Les sources émergeant de structures collectives plus ou moins formelles** dont les règles de publication et de validation de l'information sont plus ou moins strictes. *(Par exemple : L'encyclopédie en ligne Wikipédia).*

- **Les sources informelles** publiées sans aucun contrôle. *(Par exemple les pages web personnelles, les blogs d'internautes, etc.).*

Un bref récapitulatif, certes non exhaustif, montre à quel point, les sources d'information, basées sur des sites web généralistes ou spécialisées par domaine, sont extrêmement diverses :

Ainsi, nous pouvons accéder d'une part aux manuels fondamentaux, aux encyclopédies, dictionnaires et lexiques, aux revues scientifiques mais aussi à la littérature grise, aux revues et ouvrages de vulgarisation scientifique sans oublier les sites d'actualités générales ou spécialisées, les rapports et bilans d'organisations et institutions reconnues au niveau national ou international.

Les documents officiels tels que ceux produits et publiés par les organismes gouvernementaux, les données et statistiques provenant d'organismes officiels, les billets issus de blogs, podcasts relevant ou non d'institutions bien identifiées sont d'autant de sources d'informations pouvant être pertinentes et utiles.

Enfin, nous devons distinguer tout ce qui est issu du référencement automatisé des moteurs de recherche, des bibliothèques et autres sources encyclopédiques traditionnelles ou encore des supports de type web 2.0 en pleine émergence *(réseaux sociaux, agrégation de données, Big Data, etc.).*

L'indexation au service de la recherche d'informations

Quelle que soit la nature et l'origine des sources, la problématique d'ensemble est toujours la même. A partir de nos besoins de recherche, comment rendre toutes les informations accessibles avec la plus grande efficacité et dans des délais acceptables pour l'internaute ?

La création et la gestion d'index mémorisant pour chaque thématique les ressources associées permettent de répondre à cette problématique. Ce mécanisme peut être comparé à l'index d'un livre qui permet d'accéder rapidement à une information classée par mots clés, par thèmes, sous-thèmes, etc.

Le cas des Annuaires et des bibliothèques.

Parmi les nombreuses sources évoquées précédemment, évoquons le cas plus spécifique des annuaires de recherches et des bibliothèques gérés le plus souvent de manière identique.

Un annuaire permet de répertorier des sites web sélectionnés pour leur qualité par des spécialistes d'un domaine. Les sites sont hiérarchisés et catégorisés. Les ressources qu'on y trouve sont théoriquement de bonne qualité. Cependant, elles sont peu nombreuses et n'intègrent pas toujours les dernières nouveautés.

Ces sources sont gérées suivant des procédures rigoureuses reposant sur des contrôles, le plus souvent, manuels : pour qu'une note d'information soit référencée dans un annuaire, il faut en faire la demande préalable. La demande est alors analysée puis validée ou pas. Sa validation éventuelle fait alors l'objet d'une catégorisation plus ou moins détaillée permettant de classifier le nouveau référencement suivant des thématiques correspondantes. Des actions manuelles complémentaires sont parfois nécessaires afin que ce nouveau référencement soit actif et visible.

Pour ces mécanismes, qui concernent la gestion des annuaires mais aussi des bibliothèques gérées par les bibliothécaires, on parle **d'indexation manuelle,** même si de plus en plus les catalogues des bibliothèques intègrent des principes d'indexation automatiques qui se rapprochent des moteurs de recherches.

Malgré le fait qu'ils soient de plus en plus difficile à maintenir et donc de moins en moins utilisés, les **principaux annuaires généralistes** résistent encore, citons :

- **Open Directory Project.**

- **Ipl2**- information you can trust (sélection du web par des professionnels de l'information).

A contrario, certains **annuaires spécialisés** sont plutôt bien utilisés et font l'objet d'une activité vive, de mises à jour régulières, comme :

- **Les Signets de la BNF** (sélection des bibliothécaires de la Bibliothèque Nationale de France).

- **Les Signets de CERIMES** (sélection des bibliothèques universitaires).

- **WWW Virtual Library** (le premier de l'histoire du web).

Notez bien que l'indexation se limite aux champs standards que l'annuaire renseigne pour chaque site web (titre, résumé …). Elle ne s'applique en aucun cas au contenu intégral des sites web, mécanisme appelée *« indexation full text »*.

Les moteurs de recherche

Bien entendu, l'ensemble des moteurs de recherche à notre disposition (*Google, Bing, etc.)* ne peuvent pas utiliser les principes détaillés précédemment.

La masse d'informations est trop vaste, les procédures manuelles visant à traiter les demandes, les valider et associer des thématiques nécessiterait trop de moyens et prendrait trop de temps.

La construction de l'index d'un moteur de recherche est donc complètement automatique et s'effectue principalement en deux étapes distinctes :

1   La première étape consiste à «**crawler ou moissonner le Web**». Les moteurs de recherche utilisent de petits programmes informatiques qui parcourent l'ensemble du web via les liens hypertexte et ceci à intervalles de temps réguliers. Ce type de programme est appelé un "**robot spider**" ou encore "**crawleur**" ou "**agent**".

2   La deuxième étape consiste à identifier la thématique d'une ressource. Pour chaque URL pointée par un lien, le programme détecte automatiquement les mots clés importants puis intègre directement le document à l'index en rajoutant des informations éventuelles issues de l'analyse du contenu de la page concernée (méta-tags, le type de fichier, la langue, etc.).

Il existe une étape complémentaire, qui permet d'accélérer et d'**optimiser le référencement** et donc l'indexation. Celle-ci est basée sur des demandes explicites de référencement (ressources, sites, etc.) auprès des fournisseurs des moteurs de recherche qui proposent sous forme de services souvent payants, des moyens permettant d'augmenter la visibilité des informations référencées.
(Par exemple : Modèle du référencement de Google).

La recherche d'informations

Sur un annuaire ou le site d'une bibliothèque, la recherche s'effectue principalement de deux façons :

- Soit en naviguant **de catégorie en catégorie** à partir de la page d'accueil ou du menu principal du site annuaire.

- Soit via **une recherche par mots-clés** en utilisant le formulaire dédié à la recherche dédiée du site annuaire.

Privilégier les recherches avancées

Sur un site de recherche, habituellement, on effectue une recherche simple en saisissant un ou plusieurs mots clés sur l'unique champ de recherche proposé.

Il existe également un mode dit **recherche avancée** (ou recherche étendue) permettant d'accéder à un formulaire multicritères et d'affiner les termes de la requête de recherche.

Sous Google, pour accéder à ce mode :

❶ Sélectionnez « **Paramètres** » depuis une fenêtre standard de recherche.

❷ choisissez « **Recherche avancée** ».

Le nouveau formulaire propose de renseigner précisément de multiples champs et ainsi d'affiner la recherche.

En sélectionnant par exemple la langue, la région, la date de dernière mise à jour, on obtient des résultats de recherche plus précis et plus ciblés.

Ce mode de recherche est également proposé pour la recherche d'images, de vidéos, d'actualités, etc.

Il est important de noter que ce type de recherche doit être parfaitement maîtrisé dans le cadre de Pix.

La recherche avancée au sein des autres moteurs de recherche n'est pas forcément indiquée aussi clairement que sur Google et se résume parfois à l'activation d'options complémentaires disponibles au niveau du bandeau de recherche lui-même (gestion de la langue, de la période de recherche, etc.).

Des moteurs de recherches plus respectueux de la vie privée…

Même si nous citons fréquemment les moteurs : Google, Bing ou encore Yahoo au sein de cet ouvrage pour des raisons de clarté pédagogique, il existe d'autres moteurs de recherche performants qui méritent d'y prêter attention.

Par exemple, des moteurs de recherches tels que **Qwant**, **DuckDuckGo, Meta-Ger** s'engagent à un respect plus clair de la confidentialité et de la vie privée.

Par ailleurs, n'oublions pas que tous les sites de recherche proposent généralement des options spécifiques pour la recherche d'images, de fichiers et autres ressources distinctes.

Si la liste des moteurs de recherche dits alternatifs évolue constamment, notons enfin aussi l'émergence des méta moteurs de recherche qui permettent de lancer des recherches confidentielles sur un nombre important de moteurs de recherche en simultané.

Comment est traitée une opération de recherche (la requête) ?

Que ce soit pour le cas d'un annuaire, le site d'une bibliothèque ou encore un site de recherche, le système ne fait pas le tour des ressources ou du web directement. La recherche s'effectue au travers d'index relatifs aux ressources contenant le ou les mots-clés. Les résultats sont présentés sous une forme simplifiée (titre, résumé, lien) et sont triés par pertinence par rapport à la requête.

La pertinence telle qu'on l'entend au niveau d'une recherche est élaborée en fonction de critères tels que :

- **Le mot-clé** : Se trouve-t-il dans le titre du document et /ou ailleurs ?

- **La ressource** : Liens associées, popularité de la ressource.

- **Divers critères propres** à chacune des sites (popularité de la page, actualisation, etc.).

Structurer ses requêtes

Lorsqu'on interroge un catalogue d'une bibliothèque ou un moteur de recherche, on élabore une requête qui permet de préciser les critères de recherche.

Si en règle générale, on ne saisit que les principaux mots clés sans rédiger une phrase structurée, il existe certains principes qu'il est bon de rappeler et qui restent pleinement applicables sur les formulaires de recherche des annuaires et des catalogues.

Par exemple, il est possible d'utiliser des opérateurs qui vont agir comme filtres au niveau de la requête :

- L'opérateur **ET** (par défaut) : Tous les critères sont pris en compte

- L'opérateur **OU** : Au moins un seul des critères est vérifié
  Exemple : marathon OR course proposera des résultats contenant les termes marathon, course ou les deux termes.

- L'opérateur **SAUF (-)** : Permet de signaler un mot-clé non souhaité.
  Exemple : moteur -voiture proposera des résultats contenant moteur mais pas voiture.

- L'opérateur **site :** limite la recherche sur le site défini.
  Exemple : site:blogdumoderateur.com liste uniquement les pages web du blog du Modérateur.

- L'opérateur de **troncature** * permet de n'indiquer que le début d'un mot-clé pour inclure potentiellement toutes les terminaisons possibles.
  Par exemple : Le critère certificat est vérifié si on a certificat, certificats,certification, etc.*

En règle générale, en ce qui concerne les moteurs de recherche généralistes classiques, la formulation se limite sur la façon de combiner et d'ajuster les mots-clés saisis. Même s'il est possible de réaliser une recherche plus fine en utilisant les opérateurs booléens, les moteurs proposent des notations plus légères : Le signe **+** devant un mot-clé signifie qu'il est obligatoire (proche du ET), le signe **–** signifie qu'il ne doit pas apparaître (proche du SAUF), etc.

Note : L'usage des guillemets **""** permet de rechercher une expression exacte (l'expression entière doit être présente et sous cette forme identique).

Pour plus de détails sur les nombreux opérateurs utilisables et permettre d'optimiser vos recherches, consultez par exemple : https://www.blogdumoderateur.com/operateurs-recherche-google/

Le web invisible ou web profond

Le « **web invisible** » ou « **web profond** » (**Deep Web** en anglais) désigne la partie du web que les moteurs de recherche classiques ne peuvent pas indexer et qui ne sont clairement pas ouverts au moissonnage.

Sont concernées, les **pages dynamiques** des sites construites à la volée et composées d'informations stockées en base de données comme les pages issues de requêtes d'horaire d'avion par exemple, les pages accessibles via une authentification ou encore les pages dont l'administrateur n'a pas souhaité qu'elles soient moissonnées et indexées par les moteurs de recherche. *(Source : https://fr.wikipedia.org/wiki/Web_profond.).*

Attention à ne pas confondre le Deep Web et le Dark Web !

Le **Dark Web** regroupe l'ensemble des sites et des pages accessibles uniquement à travers certains protocoles, configurations ou réseaux, comme **Tor**, **Freenet** ou **I2P**. Le dark web est souvent assimilé à un lieu où règne les pires voyous de la toile, un marché des affaires illégales et de trafics en tous genres.

Les méta-moteurs

Comme abordé sur la rubrique des moteurs de recherche, un méta-moteur de recherche est un outil basé sur l'utilisation de plusieurs moteurs de recherche. Il interroge simultanément les moteurs de recherche et récupère les résultats en les classifiant suivant l'indice de pertinence ou d'autres critères éventuels.

L'intérêt d'utiliser un méta-moteur de recherche est :

- D'accéder à un plus grand nombre de pages référencées sur Internet.
- De disposer d'un plus grand nombre de résultats.
- D'améliorer la recherche.
- D'avoir plus de chances de trouver des documents plus pertinents.

Quelques exemples de métas moteurs : Clusty, Zewol, Ixquick, Kartoo..

Les cas de recherches spécifiques

Il peut parfois être utile d'effectuer des recherches sur des éléments spécifiques et pour lesquels une simple requête depuis le formulaire de recherche ne permet pas d'aboutir directement à des résultats probants.

C'est le cas par exemple des photos pour lesquelles, on peut, souhaiter retrouver la ressource d'origine afin d'en vérifier les droits d'auteur, la qualité initiale ou encore les transformations successives. C'est également le cas lorsqu'on souhaite effectuer une localisation de manière fiable et précise via des informations de géolocalisation issus de GPS.

Recherche de ressources images / photos

S'il existe de nombreux moteurs spécialisés dans la recherche d'images (**TinEye**, **SmallSEOTools**, Google Images …), à chaque fois, le principe est sensiblement le même. Vous pouvez rechercher une image en saisissant une URL, en téléchargeant une image sélectionnée ou en recherchant via des mots-clés pertinents.

Voici un exemple d'utilisation dans Google :

Lors d'une recherche d'image dans Google, sélectionnez images puis cliquez sur le petit appareil photo sur la droite comme indiqué dans l'illustration ci-dessus.

Une seconde fenêtre apparaît qui vous propose soit d'importer une image soit d'indiquer une URL de ressource image.

Il n'y a alors qu'à lancer la recherche et exploiter les résultats.

Géolocalisation à partir de coordonnées GPS.

Si la question revient régulièrement dans Pix, il est essentiel d'en expliquer la démarche.

Lorsque nous prenons une photo depuis notre smartphone et que le GPS est activé, les informations relatives à la localisation sont enregistrées au sein de la photo via des méta-données.

Depuis le gestionnaire de fichier, un clic droit de la souris puis menu Propriétés nous permet d'accéder à ces méta-données et donc éventuellement aux coordonnées GPS enregistrées lors de la prise de la photo.

Ces coordonnées GPS définissent à la fois les informations de longitude et de latitude permettant de faire une géolocalisation précise.

Sans rentrer dans le détail technique de ces valeurs, on retrouve habituellement 2 principaux formats de données pour décrire à la fois la longitude et la latitude : Le format des degrés décimaux et format :(DMS) pour Degrés Minutes Secondes.

La démarche de localisation que je vous préconise ici est facile de mise en œuvre.
Il faut juste veiller à ne copier/coller que les cordonnées suivant les différents formats avec seulement l'espace comme séparateur entre la longitude et la latitude, sans autre indication complémentaire afin que GoogleMap puisse décoder simplement les bonnes valeurs.

L'exemple qui suit, issu de GoogleMap, permet de localiser la place du Capitole à Toulouse à partir de ses coordonnées.

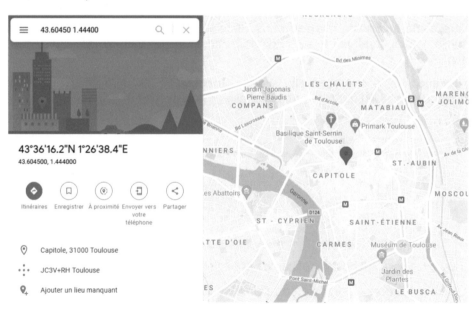

Évaluer les résultats d'une recherche

Afin d'évaluer l'information utile issue d'une recherche, l'analyse et le discernement sont indispensables. L'analyse de la qualité des résultats de ses recherches ne s'improvise pas. Il est important de prendre en compte des critères les plus objectifs possibles, basés sur la pertinence, la validité et la fiabilité.

Les critères d'évaluation

La pertinence

La pertinence d'une ressource consiste à évaluer le contenu informationnel du résultat par rapport au besoin d'information initial. Pour s'assurer de cette pertinence, on peut tenter de répondre aux questions suivantes :

- Le contenu relève-t-il bien du domaine sur lequel porte la recherche ?

- Le contenu répond-il aux questions posées initialement ?

- Le contenu apporte-t-il des informations utiles à la recherche au-delà des questions posées initialement ?

La qualité

La qualité d'une ressource repose sur des critères plus étendus, pas forcément facile à mesurer, comme :

- **La fiabilité.**
- **La réputation de l'auteur.**
- **Son objectivité.**
- **Son actualisation.**

La fiabilité consiste à effectuer certaines vérifications en ce qui concerne la diffusion des informations. Les propos recueillis sont-ils exacts ? Les informations sont-elles liées à un processus de validation de l'information garantissant un certain contrôle et un certain niveau d'exactitude ?

En consultant la page d'accueil du site et en décryptant l'URL de la ressource, il est souvent possible de faire une première analyse. Dans une URL, il est fondamental de savoir reconnaître chaque partie distinctement :

- **Le domaine** (fr, com, org, etc.) donne des indications sur l'orientation générale du site (français, commercial, organisation, etc.).

- **Le nom de domaine** (education.fr, over-blog.com, openoffice.org, etc.) permet de repérer la nature du site (universitaire, institutionnel, commercial, …) et d'en déduire le statut (officiel, privé, personnel, etc.).

- **Le sous-domaine éventuel** (indiqué en préfixe) donne des informations complémentaires utiles.

Par exemple : dans http://www.education.gouv.fr/ : Le domaine est .fr, le nom de domaine est gouv.fr et le sous-domaine est education.

Si tout le monde peut actuellement obtenir un nom de domaine, il est possible de consulter les informations relatives aux propriétaires de noms de domaines.

Des sites spécialisés comme https://www.whois.com/, https://www.nom-domaine.fr/whois.html permettent de recueillir des informations utiles pour vérifier la fiabilité de certains sites douteux.

La réputation de l'auteur passe avant tout par son identification, ses affiliations, l'hébergement, ses liens avec le site et la source. Pour évaluer la notoriété d'un auteur, on peut se fier aux indices fournis (par lui-même ou d'autres) en lien avec son activité professionnelle ou associative, son affiliation ou encore sa reconnaissance par ses pairs.

Évaluer **l'objectivité de l'information** est souvent liée à l'analyse de la source. L'idée étant de bien vérifier que le fond (le contenu des propos) soit bien en adéquation avec le domaine cité et la nature de la recherche initiale. La plupart du temps, on vérifiera que les propos sont exempts de préjugé et de tout parti pris ou au contraire s'inscrivent dans une démarche d'influence d'opinion.

Évaluer **l'actualisation des informations** consiste à vérifier la fraîcheur de l'information. Pour cela, il faut pouvoir repérer la date de création de la ressource et éventuellement la date de sa dernière mise à jour. Enfin, la fréquence de mise à jour de la source est aussi un repère intéressant.

Évaluer simplement la crédibilité des informations

Une analyse complète et rigoureuse peut prendre bien plus de temps que vous en avez. Faites preuve d'esprit critique en vous posant les bonnes questions :

- **QUI ?**
    - Quelle est la source de l'information ?
    - Qui est l'auteur/rédacteur de l'information ?

- **DANS QUEL BUT ?**
    - Commercial, diffusion de la connaissance, politique, etc.

- **POUR QUI ?**
    - Quel est le public visé par l'information ?

- **OU ?**
    - Quelle est la provenance des informations (nationalité, origine) ?
    - Depuis quel pays la recherche est-elle exécutée ?

- **QUAND ?**
    - De quand datent les informations (date de création, date de dernière mise à jour) ?

Référencer une ressource numérique en ligne

Pour étayer un propos, l'utilisateur doit identifier les ressources qu'il est amené à récupérer et à citer en tenant compte de leur caractère évolutif ou éphémère. S'il exploite le contenu de ressources numériques pour produire un document et extraire des propos d'auteur reproduits sous forme de citations, il est important d'indiquer les références exactes en respectant les règles et normes en vigueur.

Bien citer les sources des ressources réutilisées

Il est possible de réutiliser des ressources pour en citer des extraits (le texte sera obligatoirement **cité entre guillemets**), y faire référence pour appuyer un argumentaire ou encore s'en inspirer afin de réaliser/rédiger une nouvelle ressource.

Pour cela il faut **OBLIGATOIREMENT** dresser la liste des références bibliographiques en respectant certaines règles =>**Dans le cas contraire on s'expose au PLAGIAT et donc à de possibles poursuites consécutives du non-respect du droit d'auteur.**

Lorsqu'on fait référence à des ressources, il faut donc prendre certaines précautions préalables : trouver la bonne URL correspondante à la ressource citée et indiquer la date de consultation de la ressource.

Exemple de référence type :

"Je suis candidat pour une raison simple : Regardez tout ce qu'il s'est passé [. . .] La FIFA a besoin d'un renouveau, d'air frais " Jérôme Champagne http://www.-lemonde.fr/football/article/2015/10/26/fifa-champagne-repart-en-campagne _4797031_1616938.html# tPTZZEpK9CDrEilF.99 consulté le 26 octobre 2015

Notez que si la source citée est toujours entre guillemets, il est également recommandé de bien l'identifier, en utilisant le mode italique par exemple.

Pour être irréprochable, il est fortement recommandé de suivre les normes de référence bibliographique en vigueur. Aussi, la **norme ISO 690-2** ou Z 44-005-2 définit précisément la composition et la typographie d'une référence bibliographique pour un document électronique.
(Voir https://www.iso.org/fr/standard/25921.html)

Les règles de base sont les mêmes que pour les documents traditionnels, mais dans le cadre de documents numériques, des éléments supplémentaires sont à ajouter tels que : le type de support *(en ligne, CD-ROM, enr. sonore, etc.)*, l'adresse de la ressource (URL) et enfin la date de consultation de la ressource.

Modèle de base pour le référencement d'un site Web :

- Auteur : l'organisme ou personne.

- Date : dernière mise à jour si connue.

- Titre : celui de la page d'accueil du site.

- Support : [En ligne] [CD-ROM] [Enr. sonore], etc.

- Adresse de la ressource : l'URL.

- Date de consultation au format (consulté le jour mois année).

Exemple : Ministère de l'enseignement supérieur et de la recherche- 25/12/2005 - Accueil portail des C2i - [En ligne] - https://c2i.education.fr - consulté le 20/10/2015.

Modèle de base pour le référencement d'une page Web :

- Auteur : L'organisme ou personne.

- Date : Dernière mise à jour si connue.

- Titre de la ressource ou titre de la page web.

- Ressource plus large : Titre du site / document contenant la ressource.

- Support : [En ligne] [CD-ROM] [Enr. sonore], etc.

- Adresse de la ressource : l'URL.

- Date de consultation au format (consulté le jour/mois/année).

Exemple : Julien Delmas - 26/06/2019 - evaluez-vos-competences-numeriques In - blog.juliendelmas.fr - [En ligne] - https://blog.juliendelmas.fr/?evaluez-vos-competences-numeriques-avec-PIX consulté le 19 juillet 2021

Sauvegarder les ressources

Lorsqu'on souhaite pouvoir accéder de nouveau à l'information précédemment consultée, il peut être nécessaire d'effectuer une sauvegarde de la ressource.

Une page web est composée d'un fichier principal écrit en langage HTML et qui comporte une codification via des balises, du texte, des éléments de formatage ainsi que des liens vers d'autres sites et vers des ressources intégrées à la page (images par exemple).

Ces ressources (images, vidéos, feuille de style, etc.), sous formes de fichiers distincts sont également localisées sur le serveur web.

Les navigateurs permettent d'enregistrer une page Web pour la conserver sur son ordinateur, deux options de sauvegarde sont alors possibles :

- **Page web complète** : dans ce cas, l'intégralité de la page est enregistrée, y compris les ressources qui la composent (images, vidéos, etc.).

Tous les éléments sont placés dans des dossiers portant les mêmes noms que les fichiers au format HTML.

- **HTML seulement** : seul le code source de la page principale est enregistré.

  Cela permet d'enregistrer le contenu visuel (texte essentiellement) mais sans les ressources associées.

Par exemple à partir du navigateur Firefox, puis menu Enregistrer Sous... , la fenêtre ci-contre s'affiche.

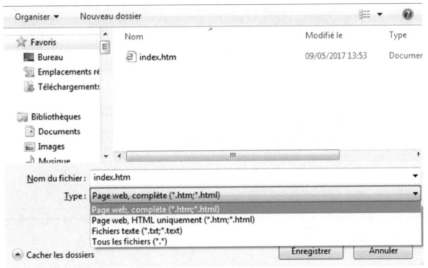

Il est possible de sélectionner la localisation ainsi que le type de sauvegarde (page web complète ou page web HTML uniquement).

Une sauvegarde complète déclenche la création d'un dossier du nom de la page contenant l'ensemble des objets (images) de la page.

On peut enregistrer (télécharger) une ressource accessible en ligne. Certains liens pointant vers des ressources permettent de récupérer une copie de la ressource comme :

- **Une partie de texte d'une page web**: il est fortement recommandé de l'intégrer avec un « copier/collage spécial » comme du texte non formaté. Cela permet une intégration sur la base du format du document final. Il ne faut pas oublier de rajouter alors la référence d'origine.

- **Une image**: A partir d'un clic droit sur l'image sélectionnée (« copier l'image » ou « enregistrer l'image »), il est possible de récupérer l'image. Attention aux droits d'usage de cette image !

- **Un son ou d'une vidéo** à télécharger indépendamment. Attention également aux droits d'usage et d'exploitation !

On trouve en ligne des documents qui peuvent être téléchargés à des fins de consultation. Lorsqu'on clique sur le lien correspondant, le navigateur propose de l'enregistrer ou de l'ouvrir.

On peut aussi directement demander **à enregistrer la cible du lien** via un clic droit.

Note : Bien maîtriser la sauvegarde des ressources du web est un attendu important de Pix régulièrement évalué. Pour être incollable et efficace sur ce point, privilégiez un navigateur en particulier et entraînez-vous à effectuer les manipulations et sauvegardes de ressources.

Consulter un site web hors connexion

La plupart des navigateurs usuels permettent de naviguer hors connexion sur les pages déjà consultées dans un passé récent.

Pour cela, il peut être nécessaire d'activer le mode **« Travailler hors connexion »** afin que la page web préalablement stockée dans le cache du navigateur puisse être affichée sans qu'une réactualisation web ne se déclenche.

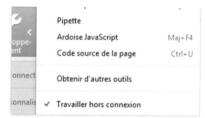

Pour activer le mode hors connexion sous Firefox par exemple, depuis le menu en haut à gauche, faites : Fichier/Travailler hors connexion.

Attention, cette approche est limitée puisqu'on ne peut accéder qu'aux pages web déjà préalablement visitées.
Si vous souhaitez pouvoir accéder, hors connexion, à un site web complet, il est recommandé d'utiliser un logiciel dédié appelé **« aspirateur de sites web »** comme BackStreet Browser ou encore HTTrack.

Ces outils spécifiques permettent de télécharger l'intégralité d'un site web afin d'être consulté hors connexion.

Organiser une veille d'informations

Nos modes de vies actuels, nos situations personnelles ou professionnelles exigent de se tenir informés en tout temps et en tout lieu d'informations les plus diverses, tant au sein de son institution qu'à l'extérieur.

Or, il est impossible aujourd'hui de naviguer sur le web de manière continue à la recherche d'informations nouvelles susceptibles de nous intéresser sur un sujet de recherche ou d'étude, un mémoire ou dans le cadre strictement professionnel.

Nous devons donc trouver les moyens de rester à l'écoute de notre environnement et de nos centres d'intérêts afin de ne pas faire que suivre le buzz.

Pour cela, nous pouvons être amenés à mettre en place **une veille d'informations (ou informationnelle)** qui permet d'adopter une approche basée sur la centralisation des informations en s'appuyant sur des principes et des mécanismes adaptés.
Deux approches complémentaires existent :

- Les méthodes dites "p**ull**" : l'utilisateur fait la démarche d'aller chercher l'information, la veille est opérée manuellement en accédant et en consultant régulièrement les sites qu'il aura éventuellement repéré au préalable.

- Les méthodes dites "p**ush**" : l'information est poussée vers l'utilisateur, la veille est effectuée automatiquement et l'envoi direct de notifications ou d'informations permettent d'informer l'utilisateur de la publication de nouvelles ressources.

Les différents moyens de veille.

Les signets

 Un système de signets (favoris, marque-pages) est présent sur tous les navigateurs. Il permet d'organiser localement des raccourcis vers les URL de sites web. Les navigateurs actuels permettent pour la plupart de synchroniser leur configuration (onglets, signets,...) sur différents terminaux.

Le mode « Sync » de Firefox permet de synchroniser marque pages, historiques, préférences utilisateurs depuis différents postes en mode authentifié.

Le **partage de signets** (ou **"social bookmarking"**) est un service de gestion de signets en ligne (utilisable sur différents terminaux et indépendant du navigateur utilisé). Cela permet de globaliser l'usage des signets (recherches dans les signets des autres, suivi des signets ajoutés par un utilisateur).

L'usage de ce service nécessite l'inscription en ligne sur des sites dédiés ou au travers de modules d'extensions disponibles sur certains navigateurs.

Les lettres d'informations (Newsletter ou Eletter)

Cette fonctionnalité proposée sur de nombreux sites web permet de diffuser par courriel des informations sur un sujet précis. Préalablement, un abonnement sur le site lui-même est nécessaire en sélectionnant éventuellement les rubriques pour lesquelles on souhaite être informé.

Le système de gestion des abonnements est automatisé via un agent logiciel qui envoi des mails ciblés aux abonnés.

Exemple d'abonnement sur le site Courrier International

Ces courriels reprennent en partie des informations susceptibles de nous intéresser et proposent des liens vers des articles plus complets. Au titre des mentions légales obligatoires, les lettres d'informations sont tenues de proposer un mécanisme simple de désinscription via un lien ou un bouton, inclus dans la newsletter.

Les forums

En perte de vitesse ces dernières années, les forums restent malgré tout un moyen fiable de veille dans certains domaines. Le principe consiste à s'inscrire sur des sites de forums spécialisés, suivre les discussions sur les sujets qui nous intéressent et éventuellement poser des questions ou apporter des réponses à ces fils (de discussions).

Lorsque d'autres personnes (**forumeurs**) réagissent aux fils que vous suivez, vous êtes immédiatement informés par courriel que de nouvelles informations (question ou réponses) sont disponibles et vous n'avez plus qu'à cliquer pour y accéder.

Les alertes

De nombreux sites permettent de paramétrer des alertes (ou notifications) afin de prévenir par mail de nouveaux événements, publication de nouveaux articles. Il est possible également de se faire notifier de l'indexation de nouvelles ressources par un outil de recherche. *(Exemple : https://www.google.fr/alerts)*

On trouve également une fonction d'alerte dans certains outils collaboratifs, de partage de documents ou de calendrier.

Les flux RSS

Largement répandus, certains sites publient un résumé et un lien vers les mises à jour de leur contenu sur un flux RSS (**Real Simple Syndication**) ou syndication de contenu. En accédant et en s'abonnant au flux RSS d'un site, un utilisateur est informé directement et instantanément des nouveautés publiées sur le site.

Les flux RSS sont accessibles à partir d'URL dans un format particulier (XML) permettant de stocker pour une nouvelle information : son titre, un résumé, un lien vers la page du site contenant l'information dans son intégralité.

Certains navigateurs intègrent des modules permettant de visualiser ces flux directement.

Exemple de flux RSS proposés par le site allociné.fr

Un **agrégateur de flux** est un outil qui permet d'agréger (regrouper) un ensemble de flux en les présentant sous une forme synthétique rendant la lecture et la navigation plus claire et regroupant dans un même espace les actualités en provenance de différents flux. *(Par exemple NetVibes, FeedReader.. .).*

Les podcasts

Les podcasts sont des flux RSS particuliers permettant aux utilisateurs l'écoute immédiate ou le téléchargement automatique d'émissions audio ou vidéo. Ils reposent sur le principe d'abonnement à des flux RSS et même s'ils peuvent être exploités par les agrégateurs classiques, ils sont présentés au travers d'agrégateurs dédiés.
(Par exemple gPodder, UniversPodcast).

Le microblogage

Les plates-formes de microblogage permettent de publier des messages très courts (texte, lien vers vidéo, image ou page Web), d'informer les usagers qui les "suivent" de leur propre actualité ou de celle du domaine qui les intéresse.

La concision des messages (plus courts que sur les blogs) favorise la rapidité de l'échange, la possibilité de commenter en temps réel un événement.

Sur la plus célèbre des plates-formes de microblogage, **Twitter,** les messages publiés sont appelés des « **Tweets »** (gazouillis).

La taille des tweets est maintenant limitée à 280 caractères. On peut y faire référence à des **#hashtag** et à des **@utilisateurs**. Pour « tweeter », il faut disposer d'un compte et utiliser soit l'interface web soit une application dédiée (smartphone, ordinateur).

Avec près de 300 millions d'utilisateurs actifs dans le monde, Twitter profite de la logique grandissante de «**social network**» et de l'esprit communautaire. Il est particulièrement bien utilisé dans le monde de la recherche, universitaire, etc.

(Source : https://www.agencedesmediassociaux.com/twitter-chiffres-2020/)

S'organiser pour une veille efficace

Pour une veille efficace, voici un rapide récapitulatif des moyens existants :

Suivant la méthode **« pull »** :

- Utilisation de signets personnels.

- Recherche de signets par les plateformes de partage de signets.

- Recherche de Tweets à partir de #hashtags.

Suivant la méthode **« push »** :

- Utilisation d'agrégateurs de flux RSS.

- Utilisation d'alertes (moteur de recherche, applications).

- Inscription à des forums.

- Inscription à des lettres de diffusion.

- Suivi sur les réseaux sociaux (microblogage partage de signets).

Privilégiez la méthode « push ». Pour cela, naviguez en page d'accueil (partie inférieure) à la recherche des mots clés, logos (Newsletters, Alertes, flux RSS) et suivez les instructions au sujet des abonnements éventuels.

Ci-dessus les liens indiqués sur la page de http://lemonde.fr

I.2 Gérer des données

 C'est bien beau de savoir rechercher, enregistrer des données et informations issues du web mais encore faut-il savoir stocker et organiser ces données de manière structurée et efficace afin d'en faciliter l'accès et la gestion.

Le stockage : supports et espaces

Les supports et espaces de stockage permettent de conserver les informations stockées sous forme de fichiers. On distingue deux types d'unité de stockage :

- **Les unités de stockage locales** telles que les disques durs classiques ou SSD et les supports amovibles clés USB, disques dur portables.

- **Les espaces distants** (ou en ligne) lorsqu'ils sont proposés et disponibles comme l'espace privé et dédié de l'ENT, Google Drive, OoDrive.

Un seul support n'étant pas infaillible, il est recommandé d'adopter des principes de sauvegarde rigoureux. Cela consiste à sauvegarder les données à intervalles réguliers, si possible sur différents supports et localisées dans les lieux distincts.

Ainsi, en cas de sinistre ou de défaillance d'un des supports utilisés, les fichiers auront plus de chance d'être récupérables s'ils ont été dupliqués.

Fichiers et codage des informations

Si les fichiers permettent le stockage des informations, attardons-nous sur les éléments identifiants d'un fichier.

Un fichier de la forme «*Fichier.doc*» est caractérisé par:

- **Son nom** qui doit, si possible, être explicite et court, dépourvu d'espaces et de caractères accentués.

- **Son extension ou suffixe** sur 3 ou 4 caractères indiquant le type de fichier et donc l'application susceptible d'être la mieux adaptée pour manipuler ces données *(Exemples : .txt, .doc, .odp, etc.)*.

- **Des propriétés** plus ou moins utiles et accessibles depuis le clic droit via le gestionnaire de fichiers *(Exemples : la taille du fichier, le volume occupé sur le disque, la date de création et de dernière modification)*.

Les informations sont stockées sous la forme de blocs de données binaires. A la base, **le Bit (Binary digit)** est l'élément unitaire de base de stockage de l'information. Il ne peut prendre que deux états symbolisés par **0 et 1**.

L'octet (appelé aussi Byte en anglais) constitue l'unité de mesure de l'information. **Un octet est composé de 8 bits.**

Avec un octet, il est possible de coder 256 (2^8) valeurs distinctes. On utilise régulièrement un multiple d'octets pour exprimer un volume, une grandeur en rapport avec la numérisation des données.

Le tableau suivant récapitule les grandeurs les plus utilisées suivant les usages.

Unités standard	Valeurs et termes usuels	Exemples
1 kibioctet (Kio) = 2^{10} octets = 1024 octets	1 Kilooctet (Ko) = 1000 octets	Fichier texte de 45 Ko
1 mebioctet (Mio)= 2^{20} octets = 1024 Kio	1 Mégaoctet (Mo)= 1000 Ko	Photo de 12 Mo
1 gibioctet (Gio) = 2^{30} octets = 1024 Moi	1 Gigaoctet (Go) = 1000 Mo	Mémoire RAM de 16 Go
1 Tébioctet (Tio) = 2^{40} octets = 1024 Gio	1 Téraoctet (To) = 1000 Go	Disque dur de 4 To

Retenez qu'il y a un rapport de 1000 (10^3) entre les unités **Ko, Mo, Go, To,** etc.

L'organisation des fichiers et des dossiers

Nous venons de voir qu'un fichier est une suite d'informations stockées sur un support physique sous forme de blocs de données binaires. Ces fichiers sont habituellement rangés et organisés dans des **répertoires** ou **dossiers** au sein du disque dur.

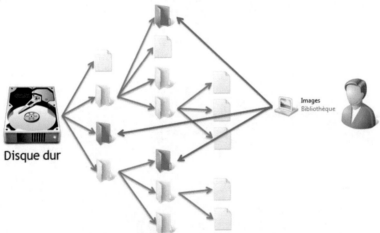

Usuellement un dossier contient des fichiers et/ou d'autres dossiers, ce qui permet de créer **une arborescence** servant à organiser et à ranger de manière cohérente et logique ses fichiers dans des dossiers et sous-dossiers.

On définit le chemin d'accès d'un fichier comme étant la liste des dossiers à parcourir pour atteindre ce fichier.

Si cette liste commence à la racine (root) du support, on parle **de chemin abso-lu** sinon il s'agit **d'un chemin relatif.** La désignation d'un fichier est unique au travers de son chemin d'accès et de son nom.

Notez que **la racine** et les séparateurs de dossiers peuvent différer en fonction du système d'exploitation concerné.

Exemples sous Windows :

- ▪ ***C:\Pierre\Pix\D1\Fiche.odt*** est la désignation exacte du fichier. C'est le chemin absolu permettant de décrire la localisation du fichier en partant de la racine (C :).

- ▪ ***\Pix\D1\Fiche.odt*** est le chemin relatif du fichier Fiche.odt localisé à partir du dossier Pierre.

Dans un même dossier, deux fichiers ne peuvent avoir le même nom sauf en cas d'extensions différentes.

Localisation d'un fichier

Sur nos configurations actuelles, il existe un nombre important de fichiers qu'il est parfois difficile de localiser.

Attardons-nous sur les moyens à notre disposition pour mieux comprendre l'or-ganisation du stockage de ces fichiers, les moyens pour les retrouver et les prin-cipes permettant de gérer efficacement l'organisation et le rangement.

Le gestionnaire de Fichiers

Dans la plupart des systèmes d'exploitation, le gestionnaire de fichiers est une application simple d'accès. Sous Windows, le gestionnaire de fichiers est acces-sible depuis le bouton démarrer et le menu principal.

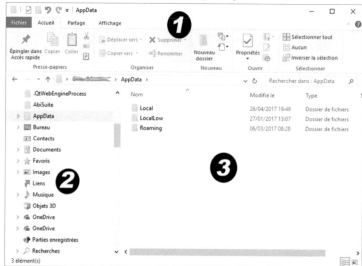

Comme le montre l'illustration précédente, l'interface se découpe en trois parties distinctes :

Depuis le menu et le bandeau❶, il est possible de modifier facilement l'affichage des informations relatives aux fichiers (grandes, petites icônes, listes des fichiers) avec des informations plus ou moins détaillées, d'accéder à de multiples options et paramétrages tels que l'affichage des fichiers cachés, etc.

Le bloc de gauche❷, permet de naviguer de dossier en dossier au sein de l'arborescence en présentant les différentes ressources.

La fenêtre principale de droite ❸, permet de visualiser le contenu d'un dossier spécifique suivant le niveau de détail et le type d'affichage sélectionné.

Il est également possible de connaître le chemin absolu d'un fichier et éventuellement de lancer une recherche d'un fichier précis par rapport à un dossier défini.

Au sein de l'explorateur de fichiers, un clic droit sur un fichier et la sélection de l'option Propriétés permet d'accéder à de multiples options et paramètres comme indiqué dans l'illustration ci-après :

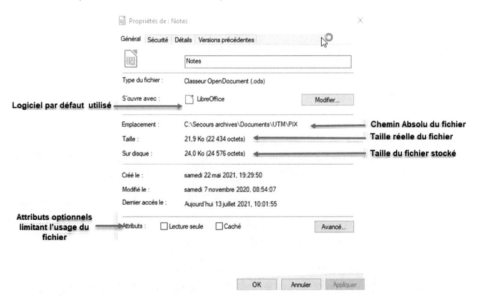

Au niveau de l'explorateur de fichier, retenez également quelques astuces et raccourcis rapides (liste non exhaustive) qui pourront le cas échéant vous faciliter les manipulations de fichiers :

- Vous pouvez forcer le tri directement de la liste des fichiers affichés en cliquant directement sur un titre de colonne d'une représentation en mode liste sur la fenêtre principale. Ceci s'applique quel que soit le type de colonne présent à l'écran.

- Si l'affichage en mode liste ne vous convient pas, il est possible de paramétrer et de modifier l'ordre d'affichage des colonnes et même de rajouter des propriétés relatives aux fichiers.

- En cliquant deux fois sur le nom des fichiers, on peut directement en modifier le nom.

- Via le clic droit, en cliquant sur Ouvrir avec , on peut changer facilement l'application par défaut utilisée pour manipuler ce type de fichier.

L'outil de recherche

Par défaut, l'ensemble des fichiers se trouvant sur un ordinateur géré par Windows sont pleinement indexés. Cela signifie que via l'explorateur de fichier ou directement depuis le menu principal de Windows, il est possible de lancer une recherche rapide et efficace.

Il est possible d'utiliser les caractères joker comme l'étoile (*) qui permet de rechercher par exemple tous les fichiers de type « .doc » dont le nom commence par « file » *Exemple : file*.doc.*

Il est également possible de faire une recherche dans un contenu de fichier en faisant porter cette recherche sur un dossier en particulier ou sur l'ensemble du disque dur, par exemple.

Gestion des fichiers au travers des logiciels utilisés.

En principe, les applications installées et accessibles sur le poste de travail s'appuient également sur des fonctionnalités et une ergonomie sensiblement équivalente à celle proposée par l'explorateur de fichiers de Windows.

Ainsi les actions Ouvrir un fichier et Enregistrer un fichier provoquent l'ouverture d'une fenêtre de navigation très proche de celle de l'explorateur Windows et à travers de laquelle, vous pourrez naviguer facilement.

Navigation sur les applications et services en ligne

On retrouve également de larges similitudes sur l'usage de l'explorateur sur les outils et services en ligne sur lesquels dans certains cas, des libellés ou tags permettent d'organiser des fichiers de façon plus souple que les dossiers.

Ce mode d'organisation est largement répandu pour la gestion des fichiers en ligne, les signets ou les photos partagées par exemple.

I.3 Traiter des données

Quand on évoque le traitement de données, on pense logiquement et directement à l'usage du tableur à des fins de calculs, analyses et de présentations sous la forme classique de tableaux et de graphiques.

Dans la cadre du programme Pix, la maîtrise du tableur est essentielle et régulièrement évaluée.

Dans ce chapitre, nous approfondirons son usage et ses principales fonctionnalités via le tableur Calc de LibreOffice.

Il est également important d'évoquer plus globalement la notion de traitement ou de représentation de données tout autour de nous que ce soit sur le poste de travail mais aussi au travers d'applications et des sites web qui nous présentent régulièrement des données les plus diverses sous forme de tableaux.

L'explorateur de fichier est souvent le premier exemple cité permettant de représenter des données telles que les noms de fichiers, leur date de mise à jour, le type …

L'illustration ci-dessous représente le contenu du dossier « Documents ».

Si on clique sur le nom de chacune des colonnes affichées, l'affichage de ce contenu sera alors trié suivant la colonne sélectionnée. Il s'agit déjà à ce stade d'une première notion de traitement de données.

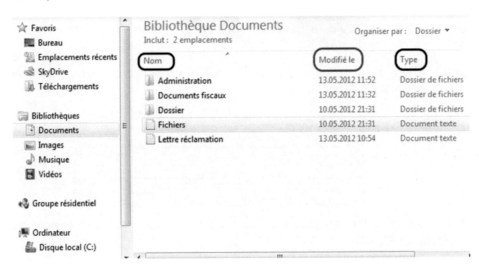

Exploiter des données dans des feuilles de calcul

Le traitement d'ensembles de données chiffrées brutes parfois volumineuses nécessite d'élaborer des mises en forme sophistiquées à des fins d'analyses et de présentations.

Par exemple, à partir d'une application tableur, il est relativement facile d'organiser des données dans un but de représentations graphiques claires et exploitables. En combinant à la fois des analyses statistiques simples à des calculs plus complexes, nous pouvons élaborer des représentations plus pertinentes, plus faciles à comprendre et à intégrer au sein de documents de synthèse.

La feuille de calcul

La feuille de calcul est le support de base permettant de rassembler et de structurer les données sous la forme de tableaux. Il est alors possible d'automatiser des calculs, de manipuler, de formater les données et d'en créer des représentations sous forme de graphiques directement interprétables et exploitables.

Au sein d'un même fichier les feuilles de calcul sont regroupées en un classeur, l'ensemble étant exploité par un logiciel appelé tableur.

La cellule

La référence aux cellules

Par convention, une cellule est identifiée de manière unique, composée par la référence de la colonne et celle de la ligne.

En règle générale, pour référencer une cellule, les colonnes sont identifiées de manière alphabétique et les lignes par un numéro *(par exemple : Cellule A1 : Colonne A, Ligne1)*.

Un ensemble de cellules est appelé une plage de cellules et se référence suivant les conventions suivantes :

Si les cellules sont contiguës, il suffit d'indiquer les références des deux cellules opposées de la plage séparées par « : »

	A	B	C	D
1	Nom	Prénom	Ville	Note
2	DUPONT	Jules	Blagnac	18
3	DURAND	Yves	Toulouse	14
4	BARTHES	Patrick	Albi	15

(Par exemple A2:D4 désigne les douze cellules contenues dans le rectangle qui regroupe de A2 à D4).

Si les cellules ne sont pas contiguës, il suffit d'indiquer les références des cellules ou des plages distinctes séparées par «;»

-
-
-
-

	A	B	C	D
1	**Nom**	**Prénom**	**Ville**	**Note**
2	DUPONT	Jules	Blagnac	18
3	DURAND	Yves	Toulouse	14
4	BARTHES	Patrick	Albi	15

(Par exemple : A2:A4; D2:D4 désigne l'ensemble des six cellules A2, A3, A4, D2 , D3, D4).

Format d'affichage des cellules

Une cellule peut contenir un texte fixe, un nombre ou une formule. La valeur affichée dans une cellule peut être différente de son contenu (visible dans la barre de formule). La façon dont s'affiche la valeur d'une cellule est déterminée par son format d'affichage qu'il est important de décrire.

Les formats d'affichage des cellules sont avant tout, liés à leurs contenus sachant qu'un pré-formatage s'opère dès la saisie.

En effet, si on débute la saisie d'une cellule par un caractère alphabétique, la cellule, considérée comme du texte s'aligne par défaut à gauche.

Au contraire, si on ne saisit que des chiffres ou une date valide, après validation, la cellule est alignée à droite, considérant qu'il s'agit de données numériques.

Donc, en fonction du contenu d'une cellule (saisi ou calculé), le format représente soit :

- **Un nombre** pour lequel on peut affiner l'affichage (nombre de décimales, séparateur des milliers…, format monétaire, comptable, etc.).

- **Du texte** pour lequel, il est également possible d'adapter la représentation (majuscules, minuscules).

Note : Les dates/heures sont considérées comme des nombres dont la représentation et le traitement éventuel sont particuliers.

Le contenu d'une cellule

Compte tenu des notions sur les cellules abordées précédemment, Il est important de bien différencier :

- **La référence de la cellule** *(A2).*

- **Le contenu de la cellule** *(4,212).*

- **La valeur affichée** *(4.21€).*

Mise en forme des cellules

Un clic droit suivi de la sélection de **Formater des cellules...** permet d'accéder rapidement à la fenêtre pour la mise en forme des cellules.

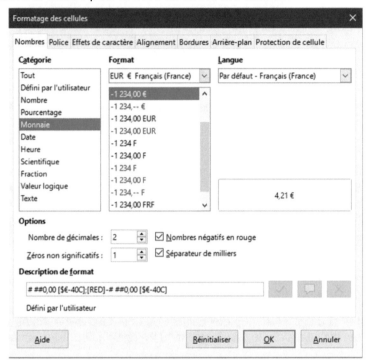

Les principaux onglets permettent d'ajuster le format concernant les nombres, le texte, l'alignement de cellule ainsi que les bordures et l'arrière-plan.

En particulier, depuis l'onglet nombres, il est pratique de pouvoir identifier la catégorie des nombres afin d'ajuster le format souhaité et le mieux adapté.

De même, depuis l'onglet alignement, on peut ajuster l'affichage en réglant l'orientation du texte ainsi que le renvoi automatique à la ligne.

Les formules de calcul

Comme abordé précédemment, une cellule contient soit des données, soit une formule de calcul. Contrairement aux données (nombres, texte) qui sont statiques, les formules permettent d'automatiser et de réactualiser des informations nécessaires au sein de la feuille de calcul.

=(A2+B2+C2+D2+E2+F2)/6

A	B	C	D	E	F	G
Val1	Val2	Val3	Val4	Val5	Val6	moyenne
10,00 €	8,00 €	15,00 €	14,00 €	10,00 €	6,00 €	10,50 €

Comme l'illustre l'exemple précédent, pour écrire une formule dans une cellule, il faut :

1. Initialiser le contenu de la cellule par le symbole «=».

2. Saisir les termes d'une formule :

   - Soit en utilisant à la fois des opérateurs arithmétiques (+,-,/,*) et des références de cellules intervenant dans le calcul.

     Exemple : G2 => =(A2+B2+C2+D2+E2+F2)/6

   - Soit, en utilisant des fonctions (Fx) prédéfinies par le tableur.

     Exemple : G2 => **=MOYENNE(A2:F2)**

Il existe 3 principales manières de saisir une formule :

- Soit, on saisit littéralement le texte de la formule dans la zone de saisie de la cellule. Cette méthode est relativement risquée car il est alors facile de faire des erreurs de saisie et de syntaxe.

- Soit, on mixe l'usage à la fois du clavier lors de la saisie d'opérateurs, de séparateurs et l'usage également de la souris pour la sélection des cellules ou plages de cellules.

- Soit enfin, on utilise l'assistant de formule (bouton **fx**), qui, au travers de différents écrans de saisie, vous guide dans la saisie complète de la formule.

Pour ma part, j'aurais tendance à privilégier plutôt la seconde méthode, manuelle, à la fois clavier + souris pour toutes les formules usuelles et couramment utilisées et ne privilégier l'usage de l'assistant de formules que pour des besoins complexes ou des syntaxes de formules moins usuelles.

Les fonctions prédéfinies

Pour utiliser les formules prédéfinies, vous avez la possibilité soit d'écrire directement la fonction et ses arguments dans la zone correspondante à la cellule ou bien d'utiliser l'assistant de fonction qui apporte une aide à la saisie.

f_x Σ =	=(A3+B3+C3)/3	
B	C	D
Assistant Fonctions		moyenne
30	40	**30**

Pour utiliser l'assistant de fonctions, sélectionnez la cellule concernée par la formule puis activez l'assistant de fonctions représenté par fx .

Dans l'exemple ci-contre, nous avons sélectionné la formule prédéfinie MOYENNE.

En suivant les consignes indiquées par l'assistant, nous avons sélectionné la zone concernée par la formule (A2:F2).

Il ne reste plus qu'à valider le résultat en appuyant sur OK .

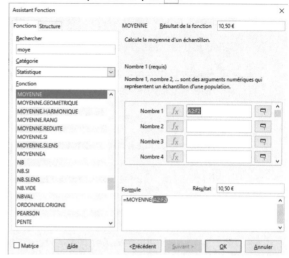

Comme vous pouvez le constater dans l'assistant, une multitude de formules, parfois très puissantes, sont disponibles (navigateur de gauche).

Pour une meilleure lisibilité, celles-ci sont regroupées par catégories (Date & heure, financière, logique, texte…).

Dans le cadre d'un usage usuel standard et surtout dans le cadre de Pix, retenez les fonctions simples de base que vous devez être à même d'utiliser et de manipuler facilement et rapidement :

- **SOMME()** : Calcule la somme de valeurs de cellules.

- **MOYENNE():** Calcule la moyenne de valeurs de cellules.

- **NB.SI()** : Permet de dénombrer des valeurs ou des contenus de cellules en fonction d'une valeur ou d'une condition.

- **CONCATENER():** Permet de regrouper plusieurs chaînes de caractères.

- **AUJOURDHUI():** Renvoie la date courante.

- **SI()** : Effectue un traitement, un affichage en fonction de conditions à vérifier..

Si en terme d'utilisation la majorité des fonctions restent simples dans leur mises en œuvre, en revanche, la fonction SI() dont la syntaxe est plus délicate mérite de s'y attarder.

La fonction conditionnelle SI()

La fonction conditionnelle **SI()** permet de gérer l'affectation de valeurs en fonction de conditions ou d'alternatives particulières.

La fonction renvoie une certaine valeur si la condition est remplie (VRAI), une autre valeur si la condition n'est pas remplie (FAUSSE).

La syntaxe est donc : **=SI(Test ; Valeur_si_vrai ; Valeur_si_faux)**

Par exemple le formule en G8 : =SI(F8>=10;"Admis";"Ajourné") permettra d'écrire « Admis » en G8 lorsque la valeur de F8 sera égale ou supérieure à 10 sinon elle indiquera le terme « Ajourné ».

Ce logigramme représente graphiquement ce test conditionnel.

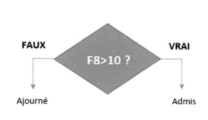

Ce type de représentation est régulièrement utilisé afin de modéliser des situations plus ou moins complexes et facilite la compréhension et l'écriture de formules correspondantes.

Il est possible de combiner et d'enchaîner des conditions SI() pour élaborer des formules plus complexes.

Cet exemple ci-dessous permet d'afficher automatiquement la mention correspondante suivant la valeur de la cellule F8 :

=SI(F8>=16 ; "TB" ;SI(F8>=14 ;"B" ;SI(F8>12 ; "AB" ;"")))

La recopie de cellules

Si le traditionnel « **copier-coller** » permet de recopier et de préserver à la fois la mise en forme, les valeurs ou encore les formules, une autre méthode appelée « **recopie incrémentée** » ou **« recopie incrémentale »** offre des fonctionnalités encore plus puissantes et bien adaptées à la manipulation de tableaux.

A l'aide de la souris, attrapez le coin inférieur droit de la sélection et faites glisser dans la direction de la recopie.

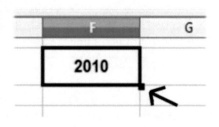

Selon le type de valeurs, les cellules recopiées seront soit copiées à l'identique ou incrémentées par rapport à la valeur de départ.

L'incrémentation s'applique de manière naturelle sur les valeurs ayant en toute logique un incrément possible en tant que liste connue comme les nombres, les dates, les jours, les mois, etc…

Comme illustré sur le tableau ci-contre, en saisissant juste « lundi » dans une cellule et en tirant le coin droit de la cellule concernée vers la droite, on peut initialiser directement tous les jours de la semaine. Idem pour les mois, les années ou des valeurs composites qu'il est possible d'incrémenter comme valeur1.

H	I	J	K	L
Lundi	mardi	mercredi	jeudi	vendredi
janvier	février	mars	avril	mai
2013	2014	2015	2016	2017
valeur1	valeur2	valeur3	valeur4	valeur5

Il sera ainsi facile d'élaborer un emploi du temps comme illustré ci-dessous :

	Lundi	mardi	mercredi	jeudi	vendredi
08 h					
09 h					
10 h					
11 h					
12 h					
13 h					
14 h					
15 h					
16 h					
17 h					

Note : La recopie incrémentale fonctionne également et est largement utilisée sur les cellules contenant des formules. L'exemple ci-après illustre une recopie incrémentale de la cellule E2 vers E3:E5 effectuée en deux temps.

	A	B	C	E	F
1	val1	val2	val3	moyenne	
2	12	14	16	14 → =(A2+B2+C2)/3	
3	13	14	18	15 → =(A3+B3+C3)/3	
4	10	10	13	11 → =(A4+B4+C4)/3	
5	12	10	8	10 → =(A5+B5+C5)/3	
6					
7					

En tirant vers le bas le coin inférieur droit de la cellule E2 et ceci jusqu'à la cellule E5, on recopie la mise en forme de la cellule et la formule qui s'adapte automatiquement et de manière relative à chacune des lignes concernées.

Création de listes

Si, de base, les listes les plus usuelles existent et sont disponibles dans Calc, vous avez aussi la possibilité de créer vos propres listes afin de pouvoir les manipuler également via la recopie incrémentale.

Par exemple, il vous sera possible de créer une liste alphabétique (a,b,c..), une liste de ville ou de prénoms …

Pour cela dans Calc, faites menu **Outils / Options**, puis sélectionnez « Listes de tri » comme illustré ci-dessous, puis cliquez sur Nouveau.

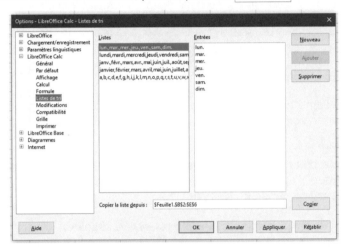

L'adressage et référencement des cellules

Référencement relatif (valeur par défaut)

Comme nous l'avons indiqué précédemment, une cellule est identifiée habituellement par une lettre de colonne suivie par un chiffre exprimant la ligne. Lorsque nous référençons les cellules dans des formules, on parle de référence relative de cellule basée sur la position de la cellule qui contient la formule et de la cellule à laquelle la référence renvoie.

Ainsi, si la position de la cellule qui contient la formule change, la référence est modifiée. Par ailleurs, si une cellule est désignée par sa référence relative dans une formule, sa référence est modifiée quand la formule est recopiée.

Référencement absolu.

Dans certains cas, il peut être nécessaire que la référence à une cellule soit fixe et puisse être figée lors de l'usage dans une formule, comme par exemple lorsqu'on utilise un taux de change ou de TVA pour le calcul de prix TTC.

Cette valeur étant susceptible d'évoluer, une cellule peut lui être réservée pour l'ensemble des calculs. Dans un tel cas, toutes les formules faisant référence à cette cellule devront utiliser le référencement absolu.

Pour cela, lors de la désignation de la cellule dans une formule, on intercalera des signes « **$** » avant l'indice de la colonne et celui de la ligne.
(Par exemple E4 désigne la cellule E4 en référencement absolu).

Rappel : Si une cellule est désignée par sa référence absolue dans une formule, sa référence ne change pas même lorsque la formule est recopiée.

Référencement mixte

Le référencement mixte consiste à mixer les deux types de référencement relatif et absolu afin de « verrouiller » soit une ligne ou une colonne.

Dans un premier cas, un seul signe $ précède le repère de colonne *(ex : $A1)*. Ainsi, la colonne reste fixe alors que le référencement de la ligne est relatif. On conserve la colonne mais le numéro de ligne est adapté, lors d'une recopie incrémentale par exemple.

Dans le deuxième cas, un seul signe $ précède le numéro de ligne *(ex : A$1)*. Ainsi, la colonne est adaptée lors de la recopie alors que la ligne est conservée.

Noms de cellules

Il est possible d'attribuer un nom explicite à une cellule. L'usage d'une cellule ainsi renommée s'apparente alors à un référencement absolu lorsque ce nom est lui-même utilisé dans une formule.

Un nom peut être plus significatif qu'une référence absolue,

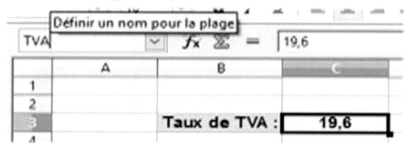

(Exemple : TVA pour indiquer une cellule contenant le taux de TVA).

Structuration et exploitation des données

Le tableur peut gérer des listes de données importantes. Qu'il s'agisse de gérer des listes de notes pour le suivi d'une classe d'étudiants, de répertorier des produits en vente ou de présenter la liste de membres d'une association, les besoins sont souvent similaires et peuvent s'apparenter à de la gestion de base de données.

C'est une des raisons pour laquelle, le vocabulaire employé est fortement inspiré des bases de données et de leur manipulation.

Manipuler des données consiste à classer, trier, filtrer, rechercher, etc. des informations au sein de tableaux de données parfois très volumineux. Le tableur grâce à ses fonctionnalités, facilite ces manipulations qu'il est essentiel de bien maîtriser.

N° Etudiant	Nom	Prénom	Ville	Anglais	Math	Info	Moyenne	Résultat
1234568	DUPONT	Thierry	ALBI	14	16	11	13,7	Admis
1452650	BERNARD	Claire	AUCH	13	10	14	12,3	Admis
4512560	DUFOUR	Samuel	BLAGNAC	7	5	10	7,3	Ajourné
5845120	PITRI	Marc	TOULOUSE	13	12	10	11,7	Admis
5421250	DUMAS	Alexandre	PLAISANCE	13	15	10	12,7	Admis
8412032	DUBORD	Jacques	TOULOUSE	6	9	11	8,7	Ajourné
2512452	ROBERT	Henri	AUCH	11	6	8	8,3	Ajourné
5214102	DUPARC	Alain	ALBI	11	9	12	10,7	Admis
5214596	DUPUIS	Tom	BLAGNAC	6	8	17	10,3	Admis
8547632	MARTY	Francois	ALBI	9	12	18	13,0	Admis
8563256	DUBOSC	Sophie	PLAISANCE	14	11	14	13,0	Admis

L'exemple ci-dessus est l'illustration type d'un **tableau de données** ou **une liste étiquetée,** la première ligne étant utilisée comme étiquette (titres des colonnes).

On constate que toutes les colonnes ont un titre mis en évidence (l'étiquette) et que le contenu des éléments d'une colonne est du même type (N° étudiant, texte pour les noms, prénoms, etc.).

Pour ce type de représentation, on utilise également le vocabulaire informatique issu des bases de données pour identifier les éléments constituants du tableau.

Ainsi, chaque ligne est appelée un **enregistrement** (ou article), chaque enregistrement étant caractérisé par un certain nombre de données appelés **champs**, enfin chaque colonne correspond à une **série**.

Tri de données

Le tri de données consiste à réorganiser les lignes (ou les colonnes) d'un tableau en les classant selon un ordre logique *(exemple : classement du tableau suivant l'ordre alphabétique des noms ou des villes).*

Pour effectuer un tri, positionnez le curseur sur le tableau à trier et sélectionnez depuis le menu **Données/Trier.**

Une fenêtre permet de définir les critères de tri qu'on appelle également **clés.**

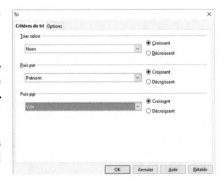

Lors de l'exécution du tri, les enregistrements sont classés suivant la première clé, appelée **clé primaire** ou **clé principale.**

Puis, en cas d'égalité, les enregistrements sont classés sur la seconde clé si celle-ci a été définie et ainsi de suite.

Dans l'exemple ci-dessus, on a choisi de trier d'abord sur le nom, puis le pré-nom et enfin la ville.

Pour chacun des critères, on sélectionne également l'ordre du tri (croissant ou décroissant).

Note : Le choix des critères de tri correspond aux étiquettes de la première ligne du tableau. En cas de liste non étiquetée, le choix des critères de tri s'effectue sur les repères de colonnes identifiées *(colonne A, colonne B, etc.)*.

Tri des données d'une ligne

Si par défaut, le tri d'un tableau concerne les enregistrements (tri vertical), il peut être nécessaire d'effectuer le tri horizontalement, c'est-à-dire d'appliquer le tri sur le positionnement des colonnes.

Pour cela, sélectionnez les cellules à trier, faites menu $\boxed{\textbf{\textit{Données/Trier..}}}$, onglet Options puis cochez *« De la gauche vers la droite »* (tri des colonnes).

Retournez ensuite sur le premier onglet Critères de tri et indiquez les numéros de ligne dans le champ de critère principal.

Les filtres

Un filtre sur un tableau de données permet d'effectuer une sélection de lignes ayant une ou plusieurs caractéristiques communes selon une condition appelée critère de sélection.

Que le tableau soit trié ou non, selon les critères de sélection appliqués, seuls les enregistrements correspondants aux critères seront affichés et les enregistrements non concernés seront alors masqués.

Pour effectuer ces filtres, plusieurs méthodes et options sont possibles :

L'autofiltre

Positionné sur le tableau à filtrer, allez dans menu $\boxed{\textbf{\textit{Données/Autofiltre}}}$ ou cliquez sur le bouton

Comme illustré ci-après, des petits boutons en forme de triangles se super-posent à droite de chacune des étiquettes des colonnes.

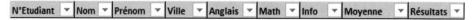

L'utilisation est alors extrêmement simple. Si l'on souhaite dans notre exemple, n'afficher que les étudiants de Blagnac qui ont étés admis, il suffit de sélection-ner « Blagnac » à partir du sélecteur de la colonne « Ville » puis sélectionner « Admis » depuis le sélecteur de la colonne « Résultats » et on obtient le résul-tat suivant :

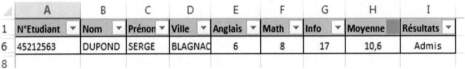

	A	B	C	D	E	F	G	H	I
1	N°Etudiant ▾	Nom ▾	Prénon ▾	Ville ▾	Anglais ▾	Math ▾	Info ▾	Moyenne	Résultats ▾
6	45212563	DUPOND	SERGE	BLAGNAC	6	8	17	10,6	Admis
8									

Note: Dans le cas d'une sélection paramétrée sur une colonne, le triangle de-vient bleu et les numéros de lignes indiquées tout à gauche (1,6,8..) montrent bien que des lignes ont été masquées.

Le filtre standard

Accessible depuis le menu **Données/Plus de Filtres/Filtres Standards** ou via l'**Autofiltre** et les sélecteurs, le filtre standard permet d'appliquer des critères de filtre plus détaillés.

L'exemple ci-contre correspond au filtre de la liste des étudiants de Blagnac ayant obtenus plus de 15 en informatique :

❶La fenêtre du filtre standard per-met d'appliquer des conditions éten-dues (=, >, <, contient, commence par, ...)

❷Il est possible d'associer des opé-rateurs **ET** ou **OU** entre les diffé-rents critères utilisés ce qui permet les combinaisons plus complexes.

Le filtre spécial

Plus complexe dans sa mise en œuvre, le filtre spécial reste proche en termes de fonctionnalités du filtre standard et permet de sélectionner dans un tableau les lignes répondantes à plusieurs critères et plusieurs étiquettes.

Par exemple : trouver les étudiants habitant Toulouse et ayant un bac S ou habi-tant Auch et ayant un bac ES.

Comme le filtre standard qui applique par défaut les critères sur le tableau initial en masquant les lignes invalides, le filtre spécial permet en option, d'associer une représentation distincte à la fois du filtre et du tableau des résultats.

Pour mettre en œuvre ce filtre, on doit disposer de deux listes étiquetées : la liste dans laquelle on effectue la recherche mais aussi une liste étiquetée conte-nant les critères de sélection.

N° Etudiant	Nom	Prénom	Ville	Anglais	Math	Info	Moyenne	Résultat
1234568	DUPONT	Thierry	ALBI	14	16	11	13,7	Admis
1452650	BERNARD	Claire	AUCH	13	10	14	12,3	Admis
4512560	DUFOUR	Samuel	BLAGNAC	7	5	10	7,3	Ajourné
5845120	PITRI	Marc	TOULOUSE	13	12	10	11,7	Admis
5421250	DUMAS	Alexandre	PLAISANCE	13	15	10	12,7	Admis
8412032	DUBORD	Jacques	TOULOUSE	6	9	11	8,7	Ajourné
2512452	ROBERT	Henri	AUCH	11	6	8	8,3	Ajourné
5214102	DUPARC	Alain	ALBI	11	9	12	10,7	Admis
5214596	DUPUIS	Tom	BLAGNAC	6	8	17	10,3	Admis
8547632	MARTY	Francois	ALBI	9	12	18	13,0	Admis
8563256	DUBOSC	Sophie	PLAISANCE	14	11	14	13,0	Admis

OU {
Ville	Info	Math
BLAGNAC	>=15	
ALBI		>=12

← *Tableau contenant les critéres*

ET

Le tableau contenant les critères doit respecter scrupuleusement les mêmes noms d'étiquettes. Les valeurs sur une même ligne sont considérées comme un ET logique et un OU logique entre lignes distinctes.

Pour exécuter un filtre spécial, aller dans menu **Données/Plus de Filtres/Filtre Spécial** puis suivre la séquence suivante :

❶ Positionner la zone correspondante au tableau des critères.

❷ Cocher la case « Copier le résultat vers » si vous souhaitez préserver le tableau initial.

❸ Positionner la cellule en haut à gauche de la zone d'affichage des résultats.

Après validation des paramètres ainsi saisis, le résultat affiché sera de la forme :

N° Etudiant	Nom	Prénom	Ville	Anglais	Math	Info	Moyenne	Résultat
1234568	DUPONT	Thierry	ALBI	14	16	11	13,7	Admis
5214596	DUPUIS	Tom	BLAGNAC	6	8	17	10,3	Admis
8547632	MARTY	Francois	ALBI	9	12	18	13,0	Admis

Représentation graphique

Le graphique (ou diagramme) est une représentation graphique d'une ou plusieurs séries de données issues des tables de données, une série étant une suite de valeurs à laquelle est associé un nom.

À chaque valeur de la série correspond une étiquette.

Une série peut être représentée par un graphique.

Nombre d'étudiants / année		
Année	**Anglais**	**Francais**
L1	80	55
L2	60	45
L3	75	89
M1	112	60
M2	70	85

L'illustration ci-contre correspond à un exemple de graphique à deux dimensions.

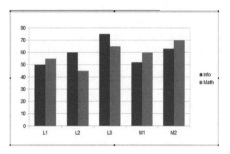

Les noms des séries apparaissent en légende. Les étiquettes des valeurs sont représentées en abscisse (axe horizontal). Les valeurs numériques sont représentées en ordonnée (axe vertical).

Création d'un graphique

Je vous propose une démarche simple et intuitive permettant de créer en un minimum de clics un graphique pertinent et répondant aux besoins les plus standards.

1 : Sélection des données

A l'aide de la souris, sélectionnez la zone de données (y compris les titres) que vous souhaitez représenter sous forme graphique.

Année	Anglais	Francais
L1	80	55
L2	60	45
L3	75	89
M1	112	60
M2	70	85

2 : Insertion d'un diagramme.

Sélectionnez le bouton symbolisant un graphique ou sinon sélectionnez menu **Insertion/Diagramme**

3 : Sélection du type de graphique

Une fenêtre nommée « Assistant de diagramme » en étape 1 permet de choisir le type de graphique souhaité.

Dès cette étape, vous avez un aperçu du rendu final, ce qui vous permet d'affiner le choix de type de graphique avant les prochaines étapes.

Le choix du type de graphique dépend de la nature des données à représenter.

On privilégiera plutôt, le type « Secteur » pour représenter une seule série, le type « Colonne » ou « Ligne » pour représenter une ou plusieurs séries et le type « dispersion » pour représenter des données quantitatives.

4 : Préciser la plage de données et l'orientation des séries

En cliquant sur « suivant », l'étape 2 permet de (re)préciser la zone des données à prendre en compte et de permuter éventuellement l'orientation de séries afin d'obtenir la meilleure représentation souhaitée.

A noter que l'aperçu se met à jour directement en fonction de vos choix successifs.

5 : Ajustement des noms des séries et des catégories

Vous pouvez maintenant personnaliser votre graphique en modifiant les noms des séries et des catégories.

6 : Finaliser le diagramme.

Cette ultime étape vous permet de finaliser le diagramme en saisissant un titre, un sous-titre, etc.

II. COMMUNICATION ET COLLABORATION

Lorsqu'on participe à un projet ou une activité dans un cadre personnel ou professionnel, la collaboration entre les acteurs se traduit le plus souvent par des échanges sous une forme numérique. Utiliser à bon escient les outils de communication et de travail collaboratif permet d'améliorer grandement l'efficacité du travail.

Dans ce contexte, il est essentiel d'utiliser avec discernement et justesse les outils de communication numérique pour échanger et faciliter ainsi le travail à plusieurs. Dans le cadre d'une collaboration à distance favorisée par les initiatives entre autres du télétravail, les outils de production de documents synchrones et asynchrones peuvent faciliter le travail à plusieurs, tout en préservant l'historique des modifications et des versions successives de ces documents.

II.1 Interagir

Dans des contextes variés et évolutifs, nous sommes amenés à échanger en utilisant les outils de communication numériques mis à disposition. Tout en respectant certains principes et notions usuelles, nous nous devons d'utiliser les moyens les mieux adaptés pour échanger des informations avec des groupes d'interlocuteurs parfois distants et/ou peu joignables.

Les différents types de communication numérique

De nos jours, la plupart de nos communications numériques utilisent les services d'Internet et sont conditionnées par deux types de communication :

- **La communication synchrone :** Les interlocuteurs communiquent au même instant et en temps réel. *(Messagerie instantanée, conférence en ligne).*

- **La communication asynchrone :** Les interlocuteurs n'ont pas besoin d'être connectés en même temps et communiquent en différé. *(Messagerie électronique, forums).*

Communication directe et indirecte

On distingue également deux notions qui s'opposent : La communication permettant d'atteindre directement le ou les destinataires qui sont prévenus personnellement *(le courrier électronique, messagerie instantanée)* et la communication dite indirecte par laquelle la ou les personnes doivent d'elles-mêmes mettre en place la mise à disposition d'informations pertinentes *(Forums, blog)*.

Ainsi, nous pouvons dire que la messagerie instantanée est un mode de communication synchrone et direct alors que la messagerie classique est un mode de communication asynchrone et direct.

Le courrier électronique

Le courrier électronique ou messagerie électronique est un service d'Internet permettant d'échanger des messages par l'intermédiaire d'une boîte aux lettres électronique identifiée par une adresse électronique qui se substitue au courrier papier.
De nos jours, il est même possible de signer numériquement ses courriels afin de répondre à des contraintes légales ou juridiques.

Un serveur de messagerie possède des boîtes aux lettres (BAL) pour chaque adresse de courrier électronique (adresse mail ou courriel). Il fonctionne comme un système de poste restante. Depuis son ordinateur, la connexion au serveur de messagerie permet d'une part d'envoyer des courriels mais aussi de récupérer les courriels arrivés dans sa boîte aux lettres.

Une adresse électronique est toujours de la forme :

Identifiant@nomdedomaine.fr :

- **L'identifiant** caractérise la personne ou le service.

- **Le symbole @** (arobase), obligatoire, joue le rôle de séparateur.

- **Le nom de domaine** permet d'identifier l'organisation hébergeant la boîte aux lettres électronique.

Une adresse électronique ne peut pas contenir d'espaces, de lettres accentuées ou de caractères spéciaux. Les séparateurs (- _ .) sont les plus fréquemment utilisés.

Exemple d'adresse électronique valide : gilles.dupont@hotmail.fr

Pour recevoir ou envoyer des courriels, on utilise soit :

- **Un accès à la messagerie en ligne ou Webmail :** la boîte aux lettres électronique est accessible via une interface web. Aucune configuration n'est en général requise. Il suffit de se connecter avec ses identifiants. Dans ce mode d'utilisation, les courriels restent sur le serveur et sont ainsi accessibles à partir de tout ordinateur, smartphone ou tablette connecté à Internet.

- **Un client de messagerie :** Il s'agit d'un logiciel spécifique de message-rie installé localement sur un poste et configuré avec les paramètres du compte de messagerie. *Exemples : Thunderbird (Mozilla), Outlook (Microsoft).*

Un client de messagerie permet d'accéder à un ou plusieurs comptes de messa-gerie, de gérer les courriels en local ou en ligne, d'automatiser les tâches répéti-tives : signature, filtre, etc.

Acheminement de mail et protocoles

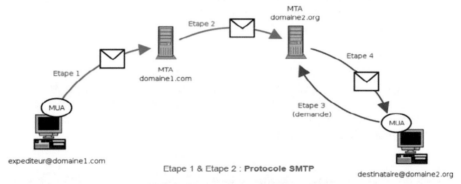

Service complet de messagerie Mail (Source http://wikipédia.fr)

L'acheminement d'un courriel s'effectue en deux étapes distinctes :

1. Lors de l'envoi d'un courriel, une requête est soumise au serveur sortant de l'expéditeur qui achemine ce courriel jusqu'au serveur de messagerie du destinataire. Le protocole utilisé est **SMTP (**Simple Mail Transfer Pro-tocol).

2. Pour la phase de réception des courriels, le serveur entrant utilise soit : Le protocole **IMAP** (Internet Message Access Protocol) qui permet de gérer ses courriels et les dossiers de courriels directement sur le ser-veur de messagerie ou le protocole **POP3** (Post-Office Protocol) qui té-lécharge les courriels et les gère localement.

Le Webmail au travers d'une interface web utilise en fait le protocole HTTP pour accéder au serveur de messagerie depuis n'importe quel ordinateur connecté.

Dans ce cas, l'utilisation des protocoles SMTP et POP/IMAP s'effectue en tache de fond et est transparente pour l'utilisateur.

Composition d'un message électronique

Il est fondamental de bien connaître le rôle des différents champs existants dans un formulaire de courrier électronique afin d'en faire le meilleur usage.

Les 3 champs destinataires :

A (To) : adresse(s) du(des) destinataire(s) princi-pal(aux) du message.

Cc (Copie Carbone) : adresse(s) du(des) desti-nataire(s) en copie du message pour information.

Cci (Copie Carbone Invisible) : adresse(s) du (des) destinataire(s) recevant une copie du mes-sage sans être visible des autres destinataires.

Note : Le destinataire caché à un rôle particulier.
En général, ce champ est utilisé afin de tenir informé un interlocuteur du courriel envoyé mais sans que les autres destinataires le sachent ou lorsqu'on souhaite envoyer un courriel à tous ses contacts sans transmettre son carnet d'adresses pour des raisons de confidentialité.

Les autres champs :

Le champ **Sujet (ou Objet)** : correspond au titre du message. Il faut veiller à ce que ce champ ne reste pas vide et soit bien explicite avant tout envoi de mes-sage (Voir la Netiquette).

Le champ **Corps du message :** il peut être constitué de texte brut ou de texte enrichi voire composite. Ce champ contient le message principal à transmettre.

Enfin, l'expéditeur peut associer au message des pièces jointes (fichiers). Cette fonctionnalité est souvent matérialisée par une icône en forme de trombone.

Le courrier électronique et les bonnes pratiques

- Donner toujours un titre explicite et significatif à un message.

- Respecter les règles de politesse propres à la communication.

- Saluer son interlocuteur.

- Signer son message surtout si l'adresse électronique utilisée met en œuvre un pseudo.

- Éviter de diffuser par courrier électronique des informations non véri-fiées, cela propage des rumeurs et laisse des traces écrites.

- N'insérer pas de pièces jointes non vérifiées, susceptibles de contenir des virus.

- Inclure, si possible, une partie/historique du message initial auquel on répond afin de faciliter la compréhension des échanges.

- Vider ou trier régulièrement sa boîte aux lettres afin de ne pas saturer son espace de stockage sur le serveur de messagerie.

- Ne pas diffuser son adresse électronique si on ne la consulte pas.

- En cas d'absence, mettre en place un message automatique afin de prévenir vos interlocuteurs.

Personnalisation et paramètres lors de l'envoi de messages.

Dans la plupart des logiciels de messagerie, des options sont également proposées afin de personnaliser les messages envoyés et certains traitements permettant de faciliter l'usage de la messagerie au quotidien.

Définition et personnalisation d'identités

Suivant les logiciels de messagerie utilisés, on peut définir autant « d'identités » ou de « profils » que de contextes d'usage.

Par exemple, un étudiant pourra disposer d'une identité « études » et d'une identité « personnelle ».

Signature des messages envoyés

Le champ « **Répondre à** » est un champ d'expédition qui détermine à qui la réponse sera adressée.

En pré-configurant l'option de signature disponible sur la majorité des logiciels de messagerie, on peut ajouter une signature contextualisée à la fin des messages rédigés et envoyés.
(Voir l'exemple ci contre sur Outlook)

Si besoin, il est possible d'associer des signatures différentes selon les identités de nos interlocuteurs et la nature de nos échanges.

Rappel du contexte et copie de messages

Il est fortement recommandé de citer le message d'origine auquel on répond afin de rappeler le contexte de l'échange au destinataire et de lui éviter de rechercher le message initial. Enfin, il est possible d'activer la copie systématique des messages envoyés, ce qui permet de conserver la trace des messages traités.

L'automatisation des tâches répétitives

Pour limiter le temps passé à devoir gérer ses courriels, il est peut-être parfois judicieux et nécessaire d'automatiser certaines tâches répétitives.

Filtrer les messages reçus : nous sommes de plus en plus amenés à devoir trier les messages que nous recevons, que ce soit pour les mettre à la corbeille ou pour les ranger dans des dossiers afin d'en conserver la trace et de les retrouver plus facilement. Pour cela, il existe un système de filtres de messages qui consiste à déplacer automatiquement et de façon sélective certains messages dans des dossiers pour un traitement ultérieur.

Exemple de filtre : tous les messages provenant de l'université sont rangés automatiquement dans le dossier appelé « Etudes ».

Le traitement des «indésirables» : nous sommes également régulièrement envahis par ces fameux pourriels, spams et autres courriels indésirables reçus dans notre messagerie.

Même si la plupart du temps, ils sont repérés et bloqués par le filtre anti-pourriel ou anti-spam du serveur de messagerie et déplacés automatiquement dans un dossier « *Indésirables* », l'usager peut signaler à une instance spécifique un pourriel que le filtre n'aurait pas repéré afin que le filtre soit mis à jour pour une meilleure efficacité lors d'une tentative prochaine.

Gestion d'adresses électroniques multiples : il est devenu fréquent d'utiliser plusieurs adresses électroniques. *(Par exemple une adresse personnelle permanente et une adresse institutionnelle ou professionnelle)*.

Il est possible, notamment sur les interfaces webmail de paramétrer son compte initial afin de gérer via un accès unique plusieurs comptes de messagerie et de pouvoir traiter ses courriels quel que soit leur provenance de manière simple et rapide. (E*xemple : Gmail de Google).*

Les listes de diffusion

Cette fonctionnalité déjà abordée lors du chapitre concernant les moyens de veille informationnelle peut être utilisée pour envoyer de manière groupée des courriels à plusieurs personnes sans avoir à préciser toutes les adresses électroniques (nom de la liste de diffusion).

C'est l'émetteur en tant que propriétaire qui définit les possibilités que la liste offre à ses abonnés.

Le mécanisme d'abonnement/désabonnement est soit autonome (via un logiciel robot), soit manuel.

Ces listes peuvent être créées grâce à un logiciel de messagerie dédié (ou webmail) en s'appuyant sur le carnet d'adresses, ou bien par l'intermédiaire du serveur de messagerie, soit encore grâce à un service de listes de diffusion.
Par exemple : GoogleGroups, YahooGroups, MailingList, etc.

Attention au risque de saturation des boîtes aux lettres par des messages inutiles venant de listes de diffusion ou des messages publicitaires provenant de listes de diffusion (sans abonnement).

Les listes de diffusion et les bonnes pratiques

- N'écrire à une liste de diffusion que dans les cas où la majorité des membres est concernée.

- Ne pas faire de messages en chaîne.

- Ne pas transférer un message à d'autres destinataires sans l'accord de l'émetteur initial (respect de la Netiquette).

Les forums de discussions

Il s'agit de services dédiés aux échanges et aux discussions sur des thèmes précis. Au travers d'un espace public ou privé, les discussions sont généralement organisées par thèmes.

Une bonne gestion d'un forum impose une définition claire des rôles : administrateur, modérateur, utilisateur, visiteurs.

Les utilisateurs peuvent déposer des articles dans les thèmes, lire les articles déjà publiés en naviguant dans les catégories, en effectuant des recherches ou encore en accédant aux questions/réponses d'une FAQ.

Ils peuvent répondre à des articles déjà déposés sous la forme d'un article réponses (réactions) en chaîne, ce qui alimente les fils de discussion.

FORUM POLITIQUE ET ACTUALITÉ		SUJETS	MESSAGES
DISCUSSIONS POLITIQUE - ACTUALITÉ - DÉBATS *Actualité hebdo, politique, économie, informations...*		17111	394330
LE FORUM DES ÉLECTIONS Forums et débats des campagnes politiques (Forum ouvert lors d' élections)		270	9092
ADMINISTRATION		SUJETS	MESSAGES
ADMINISTRATION Forum-Actualité **Règlement des forums** **Communiqués-Demandes-Assistance-fonctionnement des forums....**		46	2430
FORUMS DÉTENTE		SUJETS	MESSAGES
SALON DES MEMBRES - Communauté INTERALDYS *carré convivialité ,espace détente...*		675	133367
PRÉSENTEZ-VOUS ... *Cassez la glace et dites nous en plus sur vous!!*		574	7501
ANNIVERSAIRES *Les petits messages qui font chaud au cœur!*		1	3468

Un exemple d'un espace Forum issu de http://www.forum-actualite.com

Une gestion de droits d'accès, sous la responsabilité d'administrateurs permet d'en gérer les thèmes, de limiter les droits d'accès à des utilisateurs abonnés ou authentifiés par exemple. Le dépôt d'articles peut ainsi être réservé à des utilisateurs privilégiés qui ne sont pas forcément les mêmes que ceux qui peuvent lire.

Enfin, en règle générale la publication des articles est modérée à posteriori par les modérateurs qui assurent le bon usage et la qualité du contenu des forums.

La messagerie instantanée

Comme son nom l'indique, elle permet à différents internautes de dialoguer en direct par l'intermédiaire d'une interface (logiciel dédié ou interface Web).

Que ce soit sous les appellations : **Chat, causette, clavardage, dialogue en ligne,** etc., rares sont, à ce jour, les plateformes et outils de communication qui ne proposent pas ce moyen de communication.

L'accès à ce service s'est développé grâce à des interfaces intégrées au sein d'applications de communication et de publication web majeures.
(Par exemple : Facebook Messenger, Hangouts de Google, Yahoo ! Messenger, etc.).

Par ailleurs, l'émergence et le succès de logiciels dédiés comme WhatsApp (illustration ci-contre), Messenger, Skype, Snapchat, Wechat a renforcé encore le développement de ce mode de communication.

Souvent ces mêmes outils proposent des options de communication audio *(voix sur IP ou VoIP chez Skype, Yahoo ! Messenger)* ce qui favorise encore la convergence vers la visioconférence.

La vidéo conférence

Si nous constatons une forte progression du travail à distance (télétravail), la vulgarisation des moyens de visioconférence mis à notre disposition a favorisé grandement l'usage de ce nouveau mode de fonctionnement. Aujourd'hui plusieurs types de systèmes tentent de s'imposer face à une demande soutenue autant du côté des entreprises que pour nos usages personnels.

Ainsi nous trouvons :

- Des systèmes de groupe constitués d'un terminal dédié couplé à une télévision ou un écran LCD.

- Des systèmes propriétaires de salles, relativement coûteux qui offrent une vidéo de qualité (écrans/projecteurs), un son Hi-Fi et un environnement étudié (éclairage, aspects acoustiques, etc.).

- Des systèmes de télé présence qui permettent de voir ses interlocuteurs à l'échelle 1.

- Des logiciels de visioconférence sur PC (ou smartphone) permettant à des groupes importants de suivre, échanger de manière rapide et dans une qualité en amélioration constante et significative.

Comme évoqué précédemment, compte tenu des tendances actuelles, la vidéo-conférence dite « grand public » tend à s'imposer y compris dans les foyers en s'appuyant sur des solutions logicielles permettant d'établir une communication audio/vidéo de qualité entre PC et/ou systèmes nomades.
(Windows Live Messenger, Google Hangout, Yahoo ! Messenger, Skype, Teams, BlueJeans, Zoom, etc.).

La netiquette : Principes de base

Comme détaillé sur le site https://primabord.eduscol.education.fr/qu-est-ce-que-la-netiquette, « *la Netiquette est l'ensemble des conventions de bienséance régissant le comportement des internautes dans le réseau, notamment lors des échanges dans les forums, par courrier électronique et dans les réseaux sociaux.* »
Il s'agit d'un guide de bonnes pratiques en lien avec l'usage des outils du monde collaboratif comme le courrier électronique, les forums, chats ...Ce cadrage déontologique vieux d'une vingtaine d'année a toujours son sens et a pour objectif de décrire les comportements de politesse et de savoir-vivre à respecter sur le net. Il s'apparente ainsi à une charte de bons usages d'Internet.

Si vous souhaitez tout savoir sur ce sujet, je vous invite donc à consulter le document officiel définissant les règles de la nétiquette : https://tools.ietf.org/html/rfc1855.

Rappel de quelques principes fondamentaux concernant tous les modes de communication sur Internet :

- Évitez le langage SMS et l'écriture en lettres CAPITALES considérée comme un message appuyé voir crié.

- L'écriture de données confidentielles (ou sans l'autorisation de son auteur) est à proscrire systématiquement.

- Pour l'envoi de fichiers joints, veillez à ce que les volumes transférés restent faibles et privilégiez l'usage de fichiers compressés et de formats interopérables. *(Par exemple : Le format PDF).*

- Une signature si possible sobre et concise est fortement appréciée.

- Citez les parties spécifiques auxquelles l'internaute répond et, si nécessaire, des éléments de contexte avant ou après.

II.2 Partager et publier

Aujourd'hui, nous partageons et publions des informations et des contenus pour de multiples raisons ; que ce soit pour réagir sur d'autres communications, publier ses propres productions, ses opinions ou tout simplement partager son expérience dans un domaine spécifique.

Le monde connecté d'aujourd'hui propose une multitude de solutions et de supports qu'il est important de connaître dans ses grands principes.

Que ce soit au travers d'outils classiques comme les blogs, les sites web ou les wikis, depuis un certain nombre d'années, le monde des réseaux sociaux est venu investir largement un écosystème qui, du point de vue de la contribution et de la publication, peut être parfois bien difficile à appréhender.

Quelles sont les règles et les bons principes de publication à adopter ? Quels sont les impacts des multiples solutions de médias sociaux qui s'imposent ? Comment s'effectue le référencement de ces informations pour les rendre facilement accessibles ?

Voilà quelques unes des nombreuses questions auxquelles nous allons tenter d'apporter des réponses.

Applications et services de partage et de publication

Actuellement, il existe plusieurs types d'applications et de solutions permettant d'exposer des informations sur la toile afin d'être partagées auprès d'autres internautes.

Les CMS et les sites de publication

Si les outils de publication standards ont largement évolué et permettent aujourd'hui d'assurer la contribution des principaux sites web, ceux-ci sont basés sur des solutions techniques parfois bien distinctes.

On trouve ainsi les **CMS (Content Management Systèmes)** qui permettant de contribuer maintenant à la fois les sites web classiques, les **blogs** mais aussi dans certains cas les **wikis**. Ces CMS sont basés soit sur des solutions applicatives standards majeures comme Wordpress, Joomla, Drupal ou s'appuient sur des applications spécifiques enrichies de fonctionnalités dédiées à la publication.

Le principe de ces outils est toujours à peu près identique.

En tant que rédacteur potentiel (contributeur), vous avez accès à un environnement de publication, une sorte de boite à outils qui permet :

- De constituer des pages, de les enrichir avec du contenu multimédia (photos, vidéos, mise en forme sophistiquée).

- D'agencer ces pages suivant un plan de navigation (menu, liens ..) que vous pouvez personnaliser.

- D'adapter une charte graphique spécifique homogène sur l'ensemble du site via des modèles (templates). On appelle cela le « Branding ».

- De publier votre travail de rédaction soit auprès d'une population intermédiaire cible permettant de valider dans un premier temps les nouveaux contenus proposés de manière plus classique, soit de mettre en ligne vos contenus afin qu'ils soient disponibles auprès des lecteurs et autres internautes potentiels.

Enfin, de manière la plus souvent distincte, un **webmaster** ou une personne responsable faisant office de webmaster veillera en tant que garant du contenu, de la ligne éditoriale et suivra les mécanismes permettant de rendre le site visible sur les différentes plate-formes, réseaux sociaux, etc. de manière à répondre aux besoins de référencement et de visites/fréquentation du site.

A titre personnel, il est possible de créer facilement un petit site web avec les solutions proposées par Google (Google Sites) ou Framasoft afin de se familiariser avec l'enchaînement de pages, la gestion de contenu ou encore le principe des chartes graphiques essentielles à une bonne communication.

Le cas particulier des Blogs.

Si les sites web sont en règle générale bâtis autour de menus, de pages statiques ou dynamiques, de galeries photos et autres ressources documentaires, les blogs ont quelques particularités qu'il convient de rappeler.

Les blogs sont issus à l'origine de journaux personnels et en règle générale ce sont des sites web à l'initiative d'individus et non de sociétés ou autres organismes qui préféreront l'usage de sites web plus conventionnels pour communiquer.

Si les blogs sont donc le plus souvent contribués par un nombre très limité de personnes (un à quelques individus), ils sont en règle générale un agencement entre une structure classique de pages standards et une production de post (ou billets) cadencés par un besoin d'actualités (news) et d'informations plus ou moins éphémères. Traditionnellement, la page d'accueil des blogs est ainsi élaborée autour d'une liste de billets classés de manière antéchronologique.

Dans les blogs, les internautes pourront annoter les billets, réagir au travers de commentaires et partager les informations directement sur les réseaux sociaux.

Le cas particulier des wikis

Les wikis, apparus bien avant les blogs sont des structures conçues pour gérer de manière collaborative du contenu. S'il existe pour cela des plateformes et des outils bien distincts, leur mécanisme, leur langage particulier permet une contribution bien plus large que celles des blogs auprès d'une communauté de contributeurs qui, la plupart du temps, s'autocontrôle afin de gérer les mises en ligne.

L'exemple le plus représentatif est Wikipédia, l'encyclopédie mondialement connue bâtie sur une infrastructure de wiki appelée **MediaWiki**. Il s'agit d'un site wiki multi-langues (+ de 290 langues). La partie française regroupe plus de 5000 contributeurs potentiels qui ont rédigés plus de 2,3 millions d'articles à ce jour ... Potentiellement n'importe qui peut proposer un article, modifier un article existant. L'accès à un historique en ligne permet d'accéder à une version précise d'un article, en comprendre la correction, en connaître le contributeur correcteur, la date, l'heure, etc.

Wikipédia est librement distribuable : Elle est non seulement disponible gratuitement sur Internet, mais peut aussi être copiée, utilisée et vendue librement, tant que la source et les auteurs sont mentionnés. En effet, les auteurs permettent la réutilisation du contenu à travers la licence Creative Commons BY-SA 3.0.

Les plateformes de partage en ligne

Les plateformes de partage en ligne se sont également bien développées ces dernières années, répondant à une demande forte, inspirée par les grands du Web qui poussent les solutions Cloud. Google Drive, OoDrive, Dropbox, One Drive de Microsoft sont toutes des solutions Cloud de sauvegarde mais aussi de partage de ressources.

Ces solutions proposées le plus souvent au travers d'offres Freemium (espaces disque gratuit de taille limitée) sont faciles de mise en œuvre comme illustré ci-contre en ce qui concerne Google Drive.

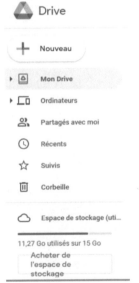

L'espace est géré comme un disque local (agencement de fichiers rangés dans des dossiers). Un clic droit sur le fichier ou le dossier concerné permet d'accéder au paramétrage du partage éventuel.

Bien sûr la vision de l'espace partagé sera réduite aux principaux lecteurs autorisés.

Notez qu'il est possible d'ajuster à tout moment les profils de partage (lecteur, commentateur ou éditeur).

Les réseaux sociaux

Enfin, l'émergence des réseaux sociaux est également venue sur le terrain de la publication et du partage en proposant à un large public habitué des solutions interactives de canaux de communication facile à interconnecter.

Si les réseaux sociaux existent depuis de nombreuses années, ils se sont progressivement structurés afin de fidéliser un public plus large et répondre aux attentes d'échanges qui se sont accélérés à travers l'usage des téléphones portables notamment.

Basés à l'origine sur le mécanisme d'un site web traditionnel, les réseaux sociaux s'appuient sur le principe des communautés et incite à dynamiser les flux de tout type (texte, photos, vidéos…) via ses membres.

Ainsi, au sein de leurs sphères, les internautes peuvent relayer l'information et faire des recommandations, s'exprimer, réagir, animer des communautés, suivre et gérer des audiences et tout ceci en quelques clics.

Plus un réseau social sera en capacité d'élargir sa communauté de membres, plus celui-ci sera influant et son modèle économique basé pour la plupart du temps sur le sponsoring et la publicité sera rentable.

Comme l'illustre le tableau ci-dessous, les principaux acteurs du marché se livrent une bataille féroce pour rester leader en annonçant toujours plus de membres, plus de ressources partagées…

BRIDGE INSIGHT : LES RÉSEAUX SOCIAUX QUI COMPTENT EN 2020

On trouve à ce jour une multitude de réseaux sociaux que nous pouvons classer suivants différentes catégories d'appartenance :

- Les réseaux dits « tribu » : Facebook, WhatsApp, SnapChat.

- Les réseaux de partage vidéo : YouTube, Dailymotion

- Les réseaux professionnels : Linkedin, Viadeo

- Les réseaux dédiés aux images : Instagram, Pinterest

- Les réseaux d'activité sportive : Strava, RunTastic, Garmin Connect..

Tous ces réseaux proposent des solutions, des liens de partages favorisant encore la communication et l'accès à l'information.

Il ne faut pas perdre à l'esprit que les réseaux sociaux restent virtuels reliant non pas des personnes physiques mais des profils et donc des identités virtuelles.

Il faut donc bien prendre conscience de l'impact des réseaux sociaux sur son empreinte numérique et sur sa e-réputation, bien maîtriser son niveau de confidentialité en ajustant les réglages proposés afin de ne pas être surexposé.

Protocoles et modalités de partage

Pour publier du contenu, les interfaces applicatives proposent diverses solutions d'échange. Ces échanges basés pour la plupart sur les protocoles du web (HTTP et HTTPS) masquent parfois l'usage des protocoles dédiés au transfert de fichier (FTP et FTPS) majoritairement utilisés pour les mises à jour majeures des sites web via les CMS.

Si le schéma est à peu près identique en ce qui concerne les plateformes de partage en ligne, d'autres protocoles plus adaptés sont utilisés au sein des réseaux sociaux. Les transferts de photos et vidéos depuis son mobile exploitent des protocoles propriétaires optimisés permettant de réduire instantanément la taille des fichiers transmis et ainsi optimiser les flux.

Enfin, sur les plateformes de partage en ligne, n'oublions pas les conditions de partage orchestrées par les notions de profils et de droits qui permettent d'ajuster les accès au plus juste.

A ce titre, je vous renvoie au chapitre traitant de l'identité numérique et de la e-réputation. En effet, n'oublions pas que l'identité numérique se construit à partir de l'ensemble des données visibles sur les réseaux sociaux, vos publications mais aussi vos réactions (commentaires, partages …).

Soyez donc vigilants à bien maîtriser votre image en paramétrant comme il se doit les niveaux de confidentialité de chacun des réseaux sociaux utilisés via la partie paramétrage.

Exemple de fenêtre de paramétrage dans Facebook.

II.3 Collaborer

Nous sommes de plus en plus souvent amenés à échanger et à travailler à distance de manière individuelle mais aussi en groupe au sein de communautés ou d'équipes distantes. Pour participer efficacement à ces activités, nous devons maîtriser l'usage de ces outils conçus pour le travail de groupe souvent en mode asynchrone.

L'activité de groupe

Dans un groupe de travail, les activités engagées sont basées en grande partie sur l'usage de plateformes de travail collaboratives qui fournissent diverses fonctionnalités et outils tels que :

- Un espace de stockage partagé.

- Un agenda partagé de groupe.

- Un carnet d'adresses partagé.

- Une liste de signets partagés.

La production de documents à plusieurs est rendue possible grâce aux espaces collaboratifs qui permettent de partager simplement des documents auxquels tout le monde peut contribuer.

Les outils d'édition collaborative sous forme de suites ou en ligne sont particulièrement bien adaptés à la modification de fichiers partagés. Ils permettent de maintenir collectivement à jour un ensemble de documents de manière rapide et spontanée.

D'autres outils issus des échanges, de la veille, peuvent également être proposés au groupe comme les outils de sondage et d'interview. Les abonnements aux listes de discussion (paramétrés pour permettre la discussion entre abonnés) ou encore les forums de discussion peuvent également alimenter une réflexion collective dans le cadre d'un travail de groupe.

L'usage croissant des réseaux sociaux que ce soit dans le cadre privé/public mais aussi lorsqu'ils franchissent la porte des entreprises (**RSE**) peuvent contribuer encore à enrichir la collaboration même si ceux-ci ne proposent que rarement la possibilité d'enregistrer les échanges qui restent la plupart du temps éphémères.

Pour collaborer, les internautes doivent partager des ressources, des connaissances en développant des relations sociales sur le web ce qui profite au groupe dans son ensemble.

L'éventail des activités que ces internautes peuvent mener en ligne sont ainsi bien diverses :

- La contribution est prépondérante que ce soit au travers des publications dans des wikis, des blogs, en alimentant leur fil d'actualités sur leur réseau social personnel ou encore en mettant à jour leur profil sur leur réseau social professionnel.

- La participation active incite le partage. En taguant les ressources en ligne, en commentant un billet de blog, en relayant une information intéressante auprès de leur propre réseau, le réseau et le groupe se nourrit et évolue.

Les plateformes collaboratives

Les plateformes de travail collaboratives sont particulièrement adaptées aux activités de groupe. Elles offrent différents services comme l'hébergement de pages, de sites web et d'applications. Elles proposent le stockage, la synchronisation et la partage de données. Enfin, l'édition collaborative est de plus en plus souvent directement proposée en ligne, ce qui contribue à faciliter les échanges et la coopération entre membres du groupe.

Pour bien fonctionner, ces plateformes exigent la mise en place de règles strictes souvent gérées au travers d'une **gestion de droits spécifiques**. Ainsi le propriétaire ou l'administrateur ajuste et règle les paramètres du site de groupe, notamment en ce qui concerne les règles d'inscription et les droits d'accès des membres.

C'est en général celui qui est à l'initiative du site de groupe qui détient ce rôle. Les contributeurs enrichissent le contenu du site par leurs contributions.

On distingue **l'éditeur,** qui peut modifier la structuration de l'information et créer de nouveaux documents, le **collaborateur,** qui ne fait lui qu'enrichir des éléments d'information existants. Enfin, les **lecteurs** ou les **visiteurs** consultent le site sans pouvoir le modifier.

Il est également possible d'apposer des droits particuliers sur les dossiers ou les documents afin de mieux en contrôler leur évolution.

Le service de stockage de données

Ce service essentiel à toute plateforme permet de stocker et de récupérer des données en ligne, à partir de différents supports.

On distingue, dans le Cloud, les espaces proposés par des éditeurs plus ou moins spécialisés dont les offres sont variables (offres de base souvent gratuites puis payantes graduellement en fonction des volumes envisagés).

(Par exemple : DropBox, GoogleDrive, Framadrive, iCloud d'Apple, OneDrive de Microsoft, Oodrive, etc.).

Il existe par ailleurs des solutions de stockages proposés par les entreprises et même les universités au titre de l'espace personnel dans le cadre de l'environnement Numérique de travail (ENT) et mis à disposition des étudiants.

Le service de synchronisation

Compte tenu des manipulations fréquentes facilitées sur ces espaces de stockage, le service de synchronisation gère la cohérence de l'ensemble des données en local avec les données situées dans le Cloud et ceci de manière transparente et automatique.

Cela permet de s'affranchir d'une gestion de version de documents souvent jugée trop complexe en privilégiant les mises à jour automatiques et l'historisation des modifications (préservation automatique des versions précédentes des documents en cas de problèmes). Une modification réalisée sur une machine est répercutée sur les autres espaces dans lesquels les données sont stockées.

Le service de partage des données

Le partage des ressources sur les plateformes collaboratives est largement facilité à travers la gestion des droits qui permet de contrôler finement ce qui doit être partagé et avec qui. Le mécanisme de partage s'appuie par ailleurs sur les fonctions de notification par courriel afin d'informer les collaborateurs des éléments disponibles en partage ou récemment mis à jour.

Le service d'édition en ligne

Le service d'édition en ligne proposé par de nombreux fournisseurs de plateformes permet de travailler sur un même document à partir de différentes machines et à différents moments sans qu'il soit nécessaire de télécharger le document en local au préalable. *(GoogleDrive, Microsoft Office 365, etc.).*

Les différentes plateformes collaboratives en question

Vous l'aurez compris, toutes les plateformes disponibles et en perpétuelle évolution sur le Cloud ne se valent pas et n'offrent pas forcément les mêmes services. Des choix stratégiques et économiques permettent d'expliquer en grande partie ces différences que nous allons tenter de clarifier :

Nous trouvons à ce jour à la fois des plateformes payantes avec ou sans abonnements, mixtes gratuites mais limitées (Freemium) proposant des options payantes (volumes disques et services supplémentaires), des solutions gratuites avec publicités classiques ou ciblées ou totalement gratuites de type logiciel libre :

- **Les plateformes payantes :** Les utilisateurs paient un service ou un abonnement. Ils peuvent accéder à tous les services (prestation complète) de façon illimitée. *Exemple : Microsoft Office 365 permet aux entreprises et aux particuliers de bénéficier de la suite Microsoft Office en ligne moyennant un abonnement mensuel.*

- **Les plateformes mixtes** (freemium = free + premium) : les utilisateurs ont le choix entre une prestation de base gratuite et une prestation complète payante. Dans ce modèle, les utilisateurs payants subventionnent le service gratuit. *Exemples : DropBox, GoogleDrive.*

- **Les services gratuits avec publicité classique** : ces services sont basés sur le volume d'utilisateurs : plus le trafic est important, plus les revenus potentiellement générés par la publicité sont importants. Les annonceurs rétribuent la plate-forme (bannières, liens sponsorisés, publicités avant accès au contenu, etc.). *Exemple : YouTube.*

- **Les services gratuits avec publicité ciblée :** ces services de plus en plus souvent combinés avec des offres Premium sont basés sur la récupération et l'analyse des données laissées par la navigation (centre d'intérêts, habitudes, coordonnées). Ce type de pratique pose alors un problème de transparence par rapport aux utilisateurs de la plateforme. *Exemple : GoogleDrive (avec Gmail).*

- **Les services gratuits de type logiciel libre :** ces services sont gratuits et ouverts de base. Les revenus proviennent de sources diversifiées : supports, prestations de services autour de la plate-forme, développements spécifiques, licences, publicités, partenariats, dons, mécénat, etc. Par e*xemple : notons l'émergence de solutions en ligne telles que : NextCloud, LibreOffice Online, Collabora, etc.*

Le choix d'un outil collaboratif

Si les outils utilisés sont le plus souvent imposés dans le cadre de travaux collaboratifs, le choix éventuel des meilleurs outils ou plateformes contribuant à un travail efficace n'est pas chose aisée suivant ce que l'on souhaite privilégier.

Dynamique et réactivité de groupe

Dans tout projet classique, les tâches sont réparties et chacun travaille de son côté dans un premier temps. Des séances de groupe sont ensuite planifiées pour améliorer la réactivité des échanges et résoudre les problèmes rencontrés.

Si les interlocuteurs sont nombreux, jouent tous le même rôle et échangent régulièrement des informations entre eux, la liste de discussion ou le forum peuvent être bien adaptés.

Si seulement quelques membres du groupe diffusent l'information alors que tous les autres ne font que la consulter, une liste de diffusion conviendra mieux.

Si l'envoi est régulier, une lettre d'information ou newsletter peut permettre une diffusion fluide des informations à tous les membres.

Qualité et importance des informations et données échangées

Si les informations échangées ont une valeur telle qu'on souhaite les conserver, il est important que l'outil garantisse une haute disponibilité des données, leur sauvegarde/archivage.

En cas d'exploitation ultérieure des données, leur organisation (par les tags) ou l'indexation (par un moteur de recherche local) pourra s'avérer pertinente.

Suivant la nature des données échangées, les informations peuvent prendre différentes formes. Pour des documents en cours d'élaboration, il convient de favoriser un espace de stockage partagé avec une gestion d'historisation efficace.

S'il s'agit de gérer et de communiquer au travers de liens intéressants, il est peut-être préférable d'envisager un outil de partage de signets ou social bookmarking ou encore l'animation/contribution d'une page de liens au sein d'un portail.

Enfin, si une majorité d'échanges concerne des questions et de réponses, un forum modéré peut aboutir à une FAQ utile pour le groupe, solution pouvant se propager vers un usage de portail si le groupe concerne un nombre trop important de personnes.

D'autres critères purement pratiques interviennent également et peuvent constituer de réels enjeux :

- Les performances matérielles ou le débit réseau peuvent constituer des freins importants pour la communication d'un groupe.

- La facilité d'accès, l'ergonomie et l'intégration de l'outil contribuent fortement à l'adhésion des plus réticents.

- Des fonctionnalités manquantes ou peu abouties peuvent faire détourner l'usage des outils n'incitant pas les utilisateurs à la collaboration en équipe.

Élaborer une production dans un contexte collaboratif

Dans le cadre de son travail collaboratif, l'usager est amené à produire des documents avec des probables versions successives de documents susceptibles d'être produites par plusieurs contributeurs potentiels.

Pour cela il est fortement recommandé d'opter pour l'usage d'un mécanisme de suivi des modifications et d'une gestion de versions bien activés.

La production collaborative consiste à produire, manipuler des documents à plusieurs soit à tour de rôle en mode asynchrone ou simultanément en mode synchrone.

Pour cela, elle nécessite :

- De garder la trace des modifications faites par chaque rédacteur/relecteur sur un même document.

- De gérer plusieurs versions du même document.

- De pouvoir partager des documents sur les plateformes collaboratives.

- De pouvoir éditer simultanément un document en ligne.

- De pouvoir fusionner plusieurs documents.

Pour le suivi des modifications au sein d'un même document, il est important d'identifier les auteurs et éditeurs de modifications ou de commentaires. Il est également indispensable de pouvoir valider ou non les modifications proposées en gérant les versions successives du document.

Des mécanismes de protections de tout ou partie de documents permettent de gérer les éventuels accès concurrents de manière à éviter que deux auteurs ne puissent modifier en même temps les mêmes informations ce qui pourrait occasionner des conflits.

L'édition collaborative en ligne et hors ligne.

Dans l'édition en ligne, le document est intégré à une application en ligne permettant de le modifier directement. Le fonctionnement peut être alors synchrone ou asynchrone. Les principaux outils à notre disposition sont :

- **Les outils bureautiques intégrés** tels que le traitement de texte ou tableur en ligne permettent d'éditer un document à plusieurs simultanément, offrant les principales fonctionnalités des logiciels hors ligne.

- **Les wikis** qui sont des sites web basés sur des plateformes collaboratives et permettent l'édition de texte en ligne avec structuration logique et mise en forme, intégration d'images et de lien actifs.

- D'autres outils existent tels que **le bloc-notes collaboratif** avec des possibilités limitées de mise en forme mais offrant une édition simultanée très réactive ou encore **le tableau blanc,** qui permet d'écrire ou dessiner à plusieurs. Il est destiné plutôt aux séances de réflexion collective.

Dans l'édition hors ligne, le document est le plus souvent localisé sur un espace de stockage partagé. Lorsqu'un auteur veut l'éditer, il le télécharge pour le modifier. Cela n'est rendu possible que si un autre auteur n'est pas en même temps, en train de l'éditer, ce qui se traduit par un fonctionnement en mode asynchrone. Il convient de faire très attention dans ce cas aux copies de documents qu'il sera difficile de fusionner au final si des modifications sont apportées de manière indépendantes et non organisées.

L'édition de documents en ligne

Comme abordé précédemment, les outils d'édition en ligne permettent de créer, d'éditer et d'importer des documents. Si on accède aux documents à partir d'un navigateur, il est facile de suivre les modifications en temps réel et ainsi gagner en efficacité. Ces outils offrent aussi d'autres fonctionnalités facilitant les échanges et la communication comme le transfert via le chat, l'ajout de commentaires, le téléchargement multi-formats de documents, etc.

GoogleDrive

La solution GoogleDrive de Google illustre de manière relativement bien complète les différentes fonctionnalités que nous venons d'aborder. Que ce soit en termes de stockage et de partage de documents, d'édition en ligne de documents de différents formats, GoogleDrive propose de multiples options de partage permettant aux personnes d'accéder aux documents afin de les éditer ou juste de les visualiser suivant le niveau des droits alloués.

Il est ainsi possible d'éditer simultanément à plusieurs un document en considérant par exemple le mode d'édition, la suggestion ou la simple visualisation dans le cas de la version finale du document.

A tout moment de la vie du document, il est possible de suivre l'historique des modifications apportées par chacun des éditeurs et de remonter éventuellement à un niveau de modification antérieur.

Sous GoogleDrive, afin de permettre de suivre en temps réel les différentes collaborations, les modifications apportées sont sauvegardées instantanément et automatiquement.

Ceci peut paraître déconcertant au premier abord mais bien pratique et particulièrement bien adapté au travail en mode synchrone.

Framapad

Cette solution d'édition en ligne proposée par Framasoft permet également de répondre aux besoins de l'édition collaborative en ligne.

A travers cette solution, il est possible de gérer des documents texte (pads publics ou privés) et de partager des liens.

D'autres solutions ciblées sont également proposées par Framasoft comme FramaCalc (tableur collaboratif en ligne) ou encore Framadrive (hébergement en ligne de fichiers). Ces solutions présentent également l'historique et les traces des multiples collaborations permettant également des validations successives afin d'élaborer à plusieurs des documents complets.
Source : http://www.comm-asso.com/outils-collaboratifs-web-gratuits-association/

Les autres plateformes et l'ENT

De nombreuses autres solutions existent sur Internet offrant des fonctionnalités très similaires. *(Par exemple, Office365 de Microsoft).*

Par ailleurs, ne perdez pas à l'esprit qu'avec votre accès à l'ENT, des outils collaboratifs sont également à votre disposition à travers une boite à outils permettant le partage de documents, l'édition, l'échange. L'édition simultanée n'étant pas toujours disponible sur ces plateformes.

Les wikis

Comme nous l'avons largement abordé précédemment, un wiki est un site web facilement modifiable par toute personne autorisée. Contrairement aux autres sites web classiques et autres blogs pour lesquels la contribution est limitée à un nombre réduit de personnes, l'organisation et la structure d'un wiki permet une contribution multiple et quasi simultanée.

Ainsi pendant de nombreuses années, les wikis se sont développés dans un contexte de besoins collaboratifs. Des outils de création de Wiki en ligne sont disponibles (Wikia : www.wikia.com, Shoutwiki : http://fr.shoutwiki.com/ ...).
Wikipédia bâtie autour de la solution open source Médiawiki est à ce jour le plus connu des wikis.

(Voir https://fr.wikipedia.org/wiki/Wikip%C3%A9dia:Accueil_principal)

Le suivi des modifications

Sujet déjà abordé lors de l'édition en ligne, le suivi des modifications permet une gestion très précise des modifications apportées par chacun.

Les outils bureautiques à notre disposition en local en mode hors ligne lors de l'édition collaborative proposent également le suivi des modifications. Quel que soit le type de modifications : insertion, suppression d'information, modification de la mise en forme ou insertion de commentaires, le suivi s'applique au niveau des différentes zones texte du document : document principal, entête ou encore pied de page.

Pour chaque évolution, l'auteur et la date de la modification sont identifiables et des « traces » permettent de repérer les modifications :

- Une couleur spécifique est allouée à chacun des auteurs. Ainsi le texte inséré ou mis en forme est facilement repérable grâce à sa couleur.

- Un texte supprimé est rayé avec la couleur de l'auteur ayant effectué cette suppression.

- Au survol de la modification, une bulle apparaît en commentaire indiquant, entre autres, le nom de son auteur.

Important : Il est indispensable que les noms des auteurs des modifications soient bien renseignés. Pour cela, chaque auteur doit prendre le soin préalable de mettre à jour ses informations d'identité dans les options du traitement de texte qu'il utilise.

Lorsque le mode de suivi est activé, on peut choisir d'afficher ou non les modifications. A défaut, on visualise alors la version qu'on obtiendrait en acceptant toutes les modifications.

Par ailleurs, lorsqu'on imprime un document pour lequel le suivi des modifications est activé, les traces sont imprimées alors que les commentaires par défaut ne le sont pas.

Dans LibreOffice, pour activer le mode de suivi des modifications, il faut :

Depuis le menu Edition/Modifications, l'option « Enregistrement » doit être cochée afin que les traces des différentes modifications soient enregistrées et l'option « Afficher » doit être également cochée afin que ces modifications soient visibles.

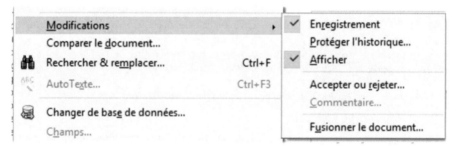

L'option Accepter ou rejeter vise à balayer l'ensemble des modifications effectuées afin de statuer sur leur validité ou non.

Cette opération est à faire en phase terminale afin de définir une version finale du document.

La gestion de versions d'un document

Une version correspond à un état du document en fonction d'un ensemble de modifications successives. Il existe plusieurs solutions pour gérer les versions successives d'un document.

Gestion manuelle.

En l'absence d'outils ou de mécanisme directement utilisable, il est possible de gérer les différentes versions d'un document en respectant des règles / conventions de nommages strictes.

Par exemple : un document pourra se nommer « Document1_datedujour_auteur_V1.2.docx ». Dans ce cas-là, un nouveau fichier indépendant sera créé à chaque version que l'on souhaite enregistrer.

Gestion de version intégrée.

Certains logiciels comme LibreOffice ou OpenOffice intègre une fonctionnalité de gestion de version. Cette fonctionnalité permet de créer autant de versions que souhaité au sein d'un même fichier.

Cette fonctionnalité est particulièrement intéressante pour vérifier, comparer ou finaliser un document final sur la base des différentes versions du document.
Le principal avantage réside sur le fait qu'un seul document global est constitué contenant les différentes versions intermédiaires.

Malheureusement, chez Microsoft, dans les dernières versions de Word, cette fonctionnalité n'a pas été reconduite et n'est donc plus disponible.

Systèmes dédiés de gestion de versions

Il existe également des systèmes et logiciels spécialisés de gestion de versions. Ils permettent de gérer un ensemble de fichiers (packages) en conservant la chronologie de toutes les modifications effectuées.

Il est alors possible de retrouver, manipuler les différentes versions d'un ensemble de fichiers, tout en évitant de créer un fichier par version.
(*Exemples de solutions : Svn, GitHub*).

Limiter les risques liés à l'édition collaborative

Le travail collaboratif sur un document peut entraîner des incidents pouvant avoir des conséquences importantes. Par exemple, une mauvaise gestion de version peut avoir des conséquences graves.

Les ajouts des uns et des autres ne sont plus alors retrouvés et donc nuisent à la qualité finale du travail. Par ailleurs, parfois, des conflits concurrents ou conflit d'accès peuvent se produire, entraînant des perturbations lors d'opérations d'édition partagée.

Lors d'une édition simultanée d'un document en ligne, si le problème de conflit ne se pose normalement pas (même fenêtre, curseurs visibles), au sein d'un wiki, l'accès en ligne via des fenêtres d'édition distinctes peut être perturbé par un système de verrouillage automatique (sur une partie de la page ou sur la page entière).

Pour éviter ce type de désagrément, il est recommandé d'être rigoureux dans l'affectation des droits d'accès au document partagé. Il est aussi recommandé de faire une sauvegarde du document en local avant toute modification majeure.

Lors d'une édition hors-ligne, le risque de travailler sur des exemplaires différents du document est réel surtout lorsque les échanges de documents sont effectués via courriel.

Dans pareils cas, intégrer les différentes modifications issues de différents exemplaires peut s'avérer délicat voire laborieux !

Quel que soit le contexte, de bonnes pratiques s'imposent :

- Créez des versions et nommez les correctement (numérotation, date, auteur, etc.).

- Effectuez ce qu'on appelle des verrouillages manuels en communiquant par mail afin de repartir sur une version validée et saine et en veillant à gérer rigoureusement le partage de documents sur des espaces dédiés.

- Pensez à adopter systématiquement le suivi des modifications (aussi utile pour l'édition simultanée).

- Enfin et lorsque cela se justifie par un nombre fichiers conséquent, initialisez une gestion de version en vous appuyant sur des systèmes dédiés pour cela (Svn, GitHub) qui vous garantirons par leur fiabilité, l'assurance d'un travail final bien finalisé.

II.4 S'insérer dans le monde numérique

COMMUNICATION ET COLLABORATION

S'insérer dans le monde numérique

Dans un contexte largement interconnecté, il est vital d'avoir conscience de ce que représente l'insertion dans le monde numérique.

Cela implique de bien maîtriser les enjeux et les stratégies qui s'appliquent à notre présence en ligne. Il est important de bien choisir ses pratiques pour se positionner comme souhaité en tant qu'acteur social, économique et citoyen en accord avec ses valeurs dans un contexte à la fois de vie privée et aussi professionnellement.

Dans cette réflexion autour de l'insertion, il est bon de rappeler les différents phénomènes et les enjeux qui émergent et dont il convient d'avoir pleinement conscience :

- L'influence de l'identité numérique et de la e-réputation ne sont plus à démontrer et il est bon d'en rappeler les principes.

- Nos organisations adoptent des codes de communication auxquelles nous devons adhérer si nous souhaitons réussir notre insertion. Dans ce contexte, les principes de la Netiquette ne sont pas très loin aussi. Les appliquer peuvent nous éviter de larges dérives.

- Si Internet a considérablement évolué ses dernières années, ses modèles se sont également adaptés voire se sont réinventés. Ainsi si nos usages ont bien évolué sur Internet, nous devons avoir bien conscience des modèles de l'économie numérique en vigueur et des stratégies en place.

- Enfin, l'impact grandissant sur l'exploitation massive de données, le traçage systématique de nos usages nous poussent à réfléchir à la dimension éthique et ses conséquences à plus long terme.

Maîtriser son identité numérique.

Au quotidien, tout utilisateur est amené de plus en plus à communiquer, à publier des informations privées pour des besoins personnels, administratifs ou encore professionnels.

Aussi, nous devons être conscients que nous laissons des traces, des informations susceptibles d'être réutilisées à notre insu dans d'autres contextes dont nous n'avons pas forcément conscience. On évoque ici le contexte de la **e-réputation** ou la maîtrise de son identité numérique.

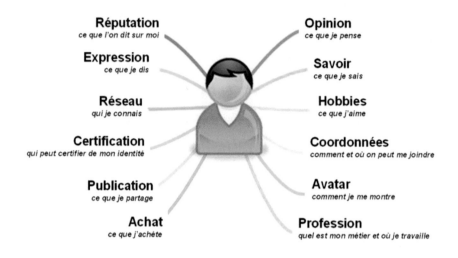

Qu'est-ce que l'identité numérique ?

L'identité numérique d'un individu s'élabore au travers d'informations personnelles en lien avec une multitude d'activités sur Internet vous concernant directement ou indirectement. Différentes sources d'activités contribuent à alimenter son identité numérique, citons par exemple :

- Les données personnelles saisies sur les multiples sites pour lesquels il nous est demandé de préciser son propre profil, sa situation.

- Cela peut également concerner des informations que nous publions sur le web en réagissant sur tel ou tel sujets, les informations laissées sur les réseaux sociaux, y compris les informations que d'autres personnes publient à notre encontre.

- Enfin, toutes traces laissées volontairement ou involontairement lors d'opérations de consultation de sites sont susceptibles d'enrichir notre identité numérique sur la toile.

Maîtriser son identité numérique, c'est avant tout être conscient de ce constat en respectant certains principes de bases.

Veillez à bien distinguer et séparer l'usage de vos identifiants personnels et professionnels.

Selon le contexte, l'usager doit utiliser des identifiants différents :

- Les identifiants professionnels ou institutionnels permettent souvent d'accéder à un environnement numérique de travail et des ressources dédiées.

- Les identifiants privés, qu'ils soient utilisés pour un usage personnel ou dans le cadre des services publics en ligne doivent rester neutres et sans le moindre lien avec un quelconque usage professionnel.

Avez-vous pensé à regarder ce que remonte Google lorsque vous faites une recherche sur votre nom et prénom ?

Si des informations personnelles vous concernant sont directement accessibles, vous devez vous préoccuper de mieux maîtriser votre identité numérique. Idem sur Facebook lorsqu'un individu qui n'est pas autorisé (pas un ami), consulte votre page, que voit-il ? Est-ce bien ce que vous voulez qu'il voie ?

Notion de e-réputation

La e-réputation correspond à la vision que les autres ont de l'usager à partir de l'analyse de l'identité numérique. La e-réputation correspond à votre image en ligne.

Une mauvaise e-réputation peut compromettre certaines prises de décisions notamment dans le domaine professionnel de la part d'un futur potentiel employeur par exemple.

Plusieurs stratégies et règles peuvent être adoptées pour une bonne e-réputation.

Codes de Communication et Netiquette

Au sein d'une organisation quelle qu'elle soit, il est primordial de connaître les codes de communication qui sont le plus souvent rappelées au travers de charte de communication ou charte d'utilisation des moyens informatiques ou encore charte d'usage du numérique.

Ces chartes, qu'on vous demande de prendre en compte et de valider rapidement décrivent notamment les modalités d'usage des moyens informatiques mis à disposition au sein de l'organisation, les droits de réserve établis pour toute communication externe à l'organisation, les règles de protection des données qu'elles soient privées ou professionnelles et enfin les sanctions encourues en cas de non-respect de ces règles.

Associés à ces chartes, habituellement, des rappels importants en termes de Netiquette sont également rappelées.

Elles concernent avant tout les règles de bonnes pratiques sur Internet au sujet du respect, de la politesse et sont avant tout formulées sous la forme de recommandations.

Modèles et stratégies économiques

Depuis l'origine du Web, si les technologies, la connectivité ont grandement progressé, les modèles économiques sur lesquels sont basés l'usage d'Internet ont dû s'adapter. L'émergence du web 2.0 a connu de grandes accélérations à ce niveau montrant à quel point l'impact économique est devenu aujourd'hui un enjeu majeur.

Si l'accélération de la numérisation a clairement entraîné la " digitalisation " de nos modes de vie, **on** constate que cet univers est dominé principalement par une poignée d'acteurs connus sous l'appellation **GAFAM** (Google, Apple, Facebook, Amazon et Microsoft).

La stratégie économique des GAFAM est basée avant tout sur des centaines d'acquisitions de startups et d'entreprises. Ces cinq géants ont tous suivi le même modèle. Ils ont commencé par opérer sur un seul secteur d'activité : le e-commerce pour Amazon, ou la recherche web pour Google. Par la suite, ils se sont étendus sur d'autres terrains d'une façon tentaculaire par le biais d'acquisitions.

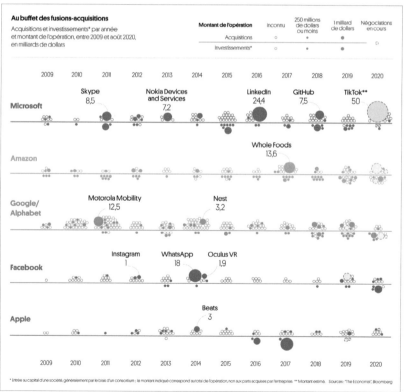

Source : https://www.courrierinternational.com/grand-format/infographie-la-faim-de-loup-de-google-et-consort#&gid=1&pid=1

Pour ne parler que des réseaux sociaux, Facebook, misant sur une domination indiscutable dans ce domaine, s'est emparé d'abord en 2012 d'Instagram avant d'acquérir WhatsApp pour une somme colossale (19 milliards de dollars) en 2014, ce qui lui permet à ce jour de revendiquer le fait de disposer des principaux réseaux sociaux les plus populaires au monde.

Hormis le modèle économique qui consiste à utiliser ces nombreuses acquisitions pour générer des revenus grâce à la publicité, notamment en ce qui concerne les réseaux sociaux, c'est bien la massification des données traitées (le Big Data) qui est au centre des enjeux et qui tire les modèles économiques des big five actuellement !

A côté de ces leaders de l'économie numérique qui influencent fortement nos habitudes de consommation (e-commerce, achats en ligne, publicités ciblées …), certains secteurs épargnés, ces derniers temps se voient aussi transformés comme les assurances, les banques, les biens et services (E-marketing, …).

Pratiques Sociales

Nous le constatons tous les jours, le numérique n'a pas seulement impacté le modèle économique des organisations mais également les pratiques sociales et citoyennes de la plupart d'entre nous (E-administration, E-services …).

Bien entendu si pas mal de démarches se sont simplifiées, devenant plus accessibles à n'importe quelle heure, ce modèle économique constitue aussi un élément important de **fracture numérique** laissant de côté tous ceux qui sont dépassés, mal équipés ou en retrait de ces tendances du tout numérique.

La fracture dite numérique décrit clairement des inégalités dans l'accès à l'information, aux démarches et à tous ses impacts.

Les politiques publiques tentent de réduire cette fracture par de multiples actions et initiatives en travaillant par exemple sur l'extension de la couverture du réseau Internet, en tentant de rendre plus accessible la mise à disposition de matériel informatique connecté ou encore en accompagnant les usagers dans la pratique numérique dans son ensemble.

Questions éthiques et valeurs

Aujourd'hui le fait de récolter, stocker et d'exploiter des données massives et instantanées constitue l'un des piliers des plateformes numériques et des principaux acteurs du marché qui en ont compris les enjeux et l'intérêt.

Même si ces données peuvent avoir un caractère légitime en permettant par exemple de mesurer et d'améliorer les performances des services associés, de personnaliser les offres ou encore de mieux mettre en adéquation l'offre et la demandes des usagers, cela soulève, malgré tout de nombreuses questions éthiques.

Comment ces données sont-elles traitées voire manipulées ?

Sommes-nous tous bien conscients de l'impact et sommes-nous disposés à accepter ces traçages systématiques sur nos profils, nos habitudes ou encore nos vies privées ?

Pour tenter de répondre en partie à cette véritable problématique, rappelons-nous le fameux **Règlement Général pour la Protection des Données** (RGPD) qui dès 2016 a proposé un cadre légal sur le stockage, le traitement et l'exploitation des données massives.

Ainsi, si le Big Data apparaît donc comme une réelle opportunité de valoriser de vastes ensembles d'informations pour les entreprises, ces données, qui figurent déjà dans les serveurs des entreprises ou bien qui s'apprêtent à être récoltées, ne peuvent désormais plus être librement manipulées hors du cadre légal applicable aux données issues de citoyens européens, le fameux RGPD.

Malheureusement, l'application des RGPD ne peut suffire à contrôler, rassurer et protéger nos vies privées et la manipulation de données massives nous concernant. Des adaptations seront nécessaires et la vigilance du côté des usagers reste plus que jamais la ligne de conduite à appliquer.

III. CRÉATION DE CONTENU

Il s'agit d'un domaine vaste et en évolution constante. Pour y voir plus clair et répondre avant tout aux exigences de Pix, nous aborderons principalement le développement de documents textuels au travers d'outils bureautiques tels que Writer, Impress mais aussi en explorant la construction des pages web avant d'évoquer l'aspect multimédia ainsi que la finalisation des documents suivant leurs formes et les usages.

III.1 Développer des documents textuels

CRÉATION DE CONTENU

Développer des documents textuels

De plus en plus, nous sommes amenés à produire, exploiter et diffuser des documents numériques associant des informations de provenance diverses. Les outils progiciels actuels permettent d'élaborer ces documents de manières professionnelles et abouties autant sur le contenu que sur la mise en forme et la présentation.

Démarche pédagogique

Difficile d'expliquer de manière exhaustive toutes les fonctionnalités d'une suite bureautique. Il n'est pas question ici de vous noyer dans trop d'explications complexes et spécifiques que vous ne pourriez retenir.

L'idée est avant tout de détailler les principes fondamentaux à travers une démarche progressive en lien avec les attentes de Pix.

Pour cela, nous privilégierons l'usage d'actions simples et intuitives réutilisables quelles que soit la version des logiciels utilisés. Nous éviterons volontairement de vous inonder d'une multitude de raccourcis clavier ou des termes abscons...

Il existe de nombreuses manières pour accéder à tel paramétrage ou à telle fonctionnalité.

Que ce soit via les menus, les boutons ou les raccourcis clavier, nous recommandons lorsque cela sera possible l'usage du clic droit et des menus interactifs qui permettent d'apporter des réponses rapides aux actions souhaités.

Afin de balayer les principales constructions et fonctionnalités à acquérir, nous recommandons l'usage de la suite **LibreOffice** pour illustrer le contenu de ce chapitre et ceci principalement pour les raisons suivantes :

- La distribution libre de LibreOffice permet à tout utilisateur de disposer gratuitement d'une suite complète et aboutie, même si certains détracteurs n'oublient pas d'évoquer à juste titre quelques bugs résiduels qui peuvent agacer...

- L'interface utilisateur de LibreOffice est relativement bien stabilisée depuis de nombreuses années alors que Microsoft avec sa suite Office opère régulièrement des changements radicaux en termes d'interface, ce qui peut perturber les utilisateurs suivant les versions mises à leur disposition.

Enfin, les habitués des versions dérivées Open Source telles que : Open**Office**, **NeoOffice**, etc. devraient s'y retrouver facilement, ces solutions restant toutes très proches.

Structurer et mettre en forme un document

De nos jours, si nous attachons autant d'importance à la forme qu'au contenu. il est indispensable de savoir structurer un document numérique pour un rendu de qualité optimale.
La maîtrise des fonctionnalités évoluées des logiciels de traitement numériques facilite la réalisation de documents ayant des rendus finalisés de qualité, autant en termes de structuration que de mise en forme.

La qualité du rendu doit être en adéquation avec le contenu tel que cela est attendu pour les rapports, mémoires et autres supports de soutenance, par exemple.

Dans un document numérique correctement conçu, le contenu et la mise en forme doivent être si possible les plus indépendants possibles.
Un document organisé, hiérarchisé en terme de structure, sera plus aisé à manipuler et à mettre à jour.

Le document numérique de type texte

Élaboré essentiellement à partir d'un logiciel de traitement de texte (Writer de la suite LibreOffice, par exemple), le document numérique texte est à la fois structuré, composite, constitué de différents éléments faciles à manipuler grâce aux fonctionnalités avancées du logiciel qu'il est indispensable de bien maîtriser.

Les principes et éléments constitutifs

Quand on saisit du texte à l'aide d'un logiciel de traitement de texte, on ne se préoccupe que très rarement du passage à la ligne qui s'effectue automatiquement. Ainsi, l'usage de la touche Entrée permet de forcer le passage au paragraphe suivant et de forcer alors un saut de ligne.

Quelques rappels fondamentaux des éléments constitutifs d'un texte :

- Le caractère est l'élément de base d'un texte.

- Le mot est une suite de caractères sans espace.

- La phrase est une suite de mot. Elle commence par une lettre en majuscule et se termine par un point.

- Le paragraphe est une suite de caractères terminés par un caractère non imprimable de fin de paragraphe représenté par ¶.

La ligne n'est pas un élément constitutif d'un texte. Elle est formée d'une suite de mots qui tiennent sur la même ligne mais qui peut aussi être modifiée à tout moment si on change la mise en forme du paragraphe.

Les caractères non imprimables

Les caractères non imprimables sont des repères de formatage qu'il est possible d'afficher à tout moment et qui permettent de visualiser directement l'insertion de ces marques au sein d'un texte.

Les principaux caractères non imprimables sont :
- La marque de paragraphe
- L'espace
- La marque de tabulation
- Le retour à la ligne

Conseil : Il est important de pouvoir visualiser TOUS les caractères quand on travaille sur un texte.

Pour cela, au niveau de l'interface utilisateur, veiller à ce que le bouton ¶ permettant ainsi de visualiser les caractères non imprimables soit activé.

Les propriétés d'un texte

On distingue principalement 3 catégories de propriétés pour un texte : Les propriétés de caractères, les propriétés de paragraphes et les propriétés ou style de page.

Si le clic droit de la souris permet d'afficher le menu contextuel à tout instant, l'ensemble des propriétés relatives à ces trois catégories (texte, paragraphe et page) sont accessibles comme le montre l'illustration ci-contre.

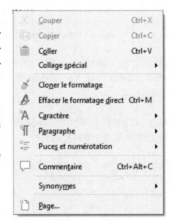

Bien entendu, d'autres propriétés sont également proposées mais notez bien que les options **Caractère…**, **Paragraphe…** et **Styles de Page…** vous permettrons un accès à toutes les propriétés de manière exhaustive et pour la majorité des cas.

Ces éléments et propriétés sont également accessibles via le menu Format , les barres de boutons ainsi que via les touches de raccourcis depuis l'interface utilisateur.

Les propriétés de caractères ne s'appliquent qu'aux caractéristiques des caractères qui composent les mots et donc les textes. La fenêtre modale est organisée en onglets qui permettent de regrouper les caractéristiques par fonctionnalités :

Ainsi l'onglet Police regroupe le choix de police de caractère, l'ajustement de la taille et du style d'affichage.

L'onglet Effets de caractère concerne la couleur des caractères, les effets tels que les ombres, relief …

L'onglet Position permet d'ajuster la position des caractères suivant les différents modes : normal, exposant ou indice, l'orientation et enfin l'espacement.

Enfin, les derniers onglets sont réservés aux liens hypertexte, la gestion de l'arrière-plan ou encore les bordures.

Les propriétés dites de paragraphes s'appliquent à des blocs de textes et à des paragraphes entiers. La fenêtre modale est également organisée sous la forme d'onglets tout aussi explicites en termes de fonctionnalités :

Les propriétés principales sont accessibles depuis les onglets :

Bordure : permet de gérer les options d'encadrement, couleurs et épaisseurs des traits…

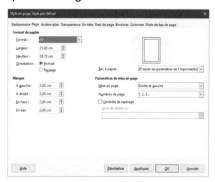

Alignement : permet d'ajuster l'alignement du texte par paragraphe.

Tabulations : permet de régler les taquets et les séparateurs associés.

Les retraits et espacements

Enfin, les autres fonctionnalités et propriétés sont regroupés dans d'autres onglets tels que : les lettrines, l'arrière-plan, plan et numérotation, les enchaînements ou encore transparence.

Les propriétés de Page permettent d'ajuster les propriétés plus globales d'une page ou d'un document, telles que l'orientation des pages, l'ajustement des marges, l'arrière-plan général, l'entête et pieds de page par exemple, etc.

Les puces et numéros

Les puces et numérotations permettent d'ajuster la mise en forme de listes en utilisant des puces (petites icônes) ou en utilisant une numérotation spécifique.

Les puces et numérotations sont accessibles via les boutons, le menu Format

et aussi à partir du clic droit et du menu contextuel Puces et numérotation .

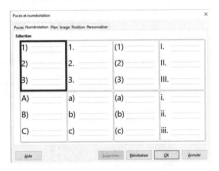

Les options principales sont accessibles via deux onglets « Puces » et « Numérotations ». Si vous souhaitez placer des puces en couleurs, la sélection s'effectue via l'onglet « Images ».

Les autres onglets permettent également d'ajuster et de personnaliser le placement et la position des puces et des numérotations.

Les tabulations

Vous l'aurez sûrement déjà constaté, il est parfois bien difficile d'aligner précisément des informations verticalement en utilisant exclusivement des espaces compte tenu du fait que les polices de caractères que nous utilisons habituellement ont des largeurs des caractères variables.

Le rendu est dans ce cas bien souvent approximatif et rarement impeccable.

Deux solutions distinctes permettent de répondre à ce besoin :

- L'usage de tableaux en masquant les lignes et colonnes séparatives.

- Les tabulations qui sont considérées comme des propriétés de para-graphes à part entières dans la majorité des logiciels de traitement de texte.

Ainsi, depuis l'onglet « tabulations » des propriétés de paragraphe, différents paramétrages
permettent d'ajuster :

- La position des taquets de tabulations

- Le type (gauche, droite, centré …)

- Les caractères de remplissage (par défaut aucun)

Deux étapes distinctes pour ajuster efficacement les tabulations :

1. Définition des taquets de tabulation pour les paragraphes concernés.
   Suivant la position du curseur dans la zone de texte, un clic sur la règle
   permet de positionner les taquets de tabulation.

   Un clic droit sur un taquet permet d'en changer le type. Un clic « glissé-
   déplacé » du taquet permet d'en modifier sa position et hors de la règle
   permet de le supprimer.

   Dans certains cas, le positionnement précis du taquet devra être ajusté
   via le menu Paragraphe et le menu contextuel.

2. A la position du curseur, la touche Tab permet de placer les caractères
   de tabulation dans le texte et ainsi d'aligner le texte sur le taquet suivant. Notez bien le caractère non imprimable → indiquant l'usage d'une
   tabulation.

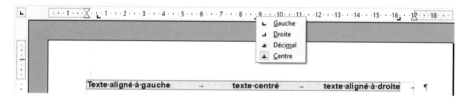

Exemple d'un paragraphe avec 3 taquets de tabulation.

Notez également que les taquets de tabulation sont fixés par défaut tous les
1,25 cm. Il est fortement recommandé de positionner ses propres taquets plutôt
que d'utiliser en cascade ces taquets par défaut.

Les styles

L'utilisation des styles facilite et optimise la mise en forme d'un document en
permettant d'appliquer automatiquement un ensemble d'attributs sur une ou plusieurs zones de texte ciblées assurant ainsi son homogénéité et facilitant également les modifications.

L'utilisation des styles

Il est possible d'utiliser et d'appliquer des styles pour les zones les plus diverses d'un texte, que ce soit les titres, les paragraphes composant le corps principal d'un texte mais aussi pour les zones d'entêtes, de bas de pages, etc.

LibreOffice comme la majorité des suites Office propose des styles prédéfinis adaptés aux besoins. On distingue notamment, les styles pour les titres (Titre principal, Titre 1, Titre 2, etc.), pour le contenu (Corps de texte, etc.) ainsi que les styles pour des parties ou zones spécifiques (En-tête, Illustration, etc.).

Vous pouvez accéder à la **fenêtre des styles et formatage** grâce à **F11** ou à partir du bouton comme indiqué sur l'illustration de gauche.

❶ Dans LibreOffice, les styles sont organisés et regroupés. Il existe ainsi des styles de paragraphe, caractère, page, liste et cadre.

❷ Les styles sont en partie hiérarchisés. Ainsi, ils héritent par défaut des propriétés de leurs styles parents. Il est possible d'annuler l'héritage d'un style en modifiant directement le style concerné. La hiérarchie est indiquée au travers des signes + et -.

❸ Le style appliqué à la position du curseur dans le texte est directement indiqué. Une simple sélection d'un nouveau style dans la liste permet d'appliquer directement l'ensemble de la partie de texte concernée avec le nouveau style à la position du curseur.

Styles et structure hiérarchique

Lorsqu'on élabore un document, on doit en toute logique en définir le plan : les parties, les sous-parties et ainsi de suite.
Il est fortement recommandé d'associer un niveau de plan ou niveau hiérarchique à chaque titre en fonction de sa profondeur. Cela revient à définir la structure hiérarchique du document. Il est judicieux d'appliquer des styles de titre prédéfinis tel que :

- Style Titre principal : pour le titre principal du document.

- Style Titre 1 : pour les titres de niveau 1.

- Style Titre 2 : pour les titres de niveau 2, etc.

Notez qu'on retrouve un mécanisme analogue pour les présentations avec les styles Plan1, Plan2, etc.

Cette fonctionnalité lorsqu'elle bien utilisée rajoute de la modularité au document dans son ensemble. Il est possible de visualiser simplement et rapidement la structure hiérarchique du document grâce au **navigateur** F5 ❶ (ou au mode plan) au travers duquel, on peut visualiser en un seul coup d'œil la structure hiérarchique.

❷ : Ce bouton permet de changer de niveau hiérarchique d'une partie du document *(Abaisser un chapitre par exemple)*.

❸ : Ce bouton permet de modifier l'ordre des différentes parties au sein d'un même chapitre.

Hausser, abaisser un niveau via les boutons du navigateur change le style appliqué pour chaque bloc titre (titre1, titre2…) et modifie la position au sein du document global.

La numérotation des chapitres

Une fois la structure hiérarchique du document définie et mise en place à l'aide des styles de titre, on peut automatiser la numérotation des chapitres.

Pour chaque niveau hiérarchique, on décrit le type de numérotation, le style, l'affichage éventuel des sous-niveaux en précisant la position de la numérotation et des titres.

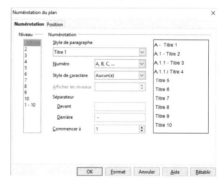

On accède au paramétrage grâce au menu Outils/Numérotation des chapitres.

Si on change l'ordre des chapitres dans le navigateur, la numérotation est automatiquement actualisée.

La modification des styles

S'il est important de savoir appliquer des styles dans un document en utilisant les notions d'héritage et de niveaux de style (Titre1, Titre2 …), il est aussi essentiel de savoir en modifier les caractéristiques et d'en mesurer les bénéfices.

A partir de la fenêtre style et formatage, un clic droit sur un style précis permet d'accéder à un menu contextuel dans lequel deux options sont proposées : soit créer un nouveau style sur la base de celui choisi, soit modifier le style existant.

En fonction du style sélectionné (paragraphe, caractère), une fenêtre composée de nombreux onglets donne accès à la modification de l'ensemble des propriétés de ce style spécifique.

Par exemple, pour le style Titre1, de nombreux onglets permettent d'accéder à l'ensemble des propriétés.

Au-delà des onglets classiques : « Police, » « Bordures », « Alignements », etc., l'onglet « Gestionnaire » permet de modifier/désactiver les notions d'héritages, de style à suivre, etc.

Une fois les modifications d'un style validées, celles-ci s'appliquent immédiatement à l'ensemble du document pour toutes les zones de texte utilisant ce style.

Mise en page

La mise en page permet de définir la présentation globale du document.

Les principales propriétés de page concernent l'orientation portrait ou paysage, l'en-tête et pied de page, les marges, la bordure de page ou encore l'arrière-plan.

Il est plus judicieux d'intervenir sur les modifications de ces paramètres au niveau des styles de pages plutôt que sur les propriétés directes des pages accessibles à partir du clic droit et du menu contextuel.

Entête et pied de page

L'en-tête et le pied de page sont des zones qui se répètent en haut et en bas de chaque page.

L'en-tête et le pied de page sont activés et ajustables dans le style de page qui s'applique.

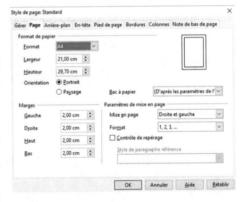

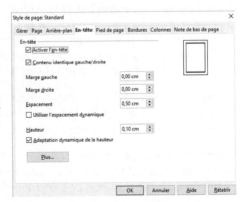

Les informations contenues peuvent être fixes (texte, logo) ou variables (date, numéro de page, ...). Elles sont en général positionnées à l'aide de tabulations.

Par défaut, l'en-tête et le pied de page contiennent deux taquets de tabulation. Un taquet centré pour positionner l'information centrale et un taquet calé à droite pour positionner l'information de droite.

Les hyperliens

Un hyperlien permet de mettre en place une navigation interne ou externe au document.

Un hyperlien peut avoir pour cible soit une adresse web, une adresse de courriel ou un élément du document.

Les modèles de documents

Pour structurer et mettre en forme un document au-delà des styles qui permettent de rationaliser la mise en forme, les modèles de documents s'appuient sur une réutilisation des styles personnalisés.

Un modèle est un document qui contient les styles, la mise en page et des informations diverses (champs automatiques, images ou texte fixes, etc.). Il sert de base à la création de nouveaux documents.

L'utilisation d'un modèle : vous pouvez créer un nouveau document (par défaut, à partir d'un modèle standard), créer un nouveau document à partir d'un modèle spécifique ou encore à partir d'un document existant.

A partir d'un modèle spécifique, vous avez la possibilité de créer un nouveau document contenant par défaut tous les éléments du modèle (styles, mise en page, logos, etc.)

La création d'un modèle : pour créer un modèle, vous pouvez partir d'un modèle et le modifier ou alors utiliser un document existant et créer le modèle correspondant. Dans ce dernier cas, il est important de prendre soin de supprimer le contenu du document en ne laissant que les informations utiles du modèle (titre, logo, champs, etc.) avant d'enregistrer le fichier en tant que modèle.

Remarque : un modèle a un format de fichier spécifique identifiable par son extension distincte (par exemple : « *histoire.odt* » est un document de traitement de texte et « *histoire.ott* » est le modèle correspondant).

Lorsqu'on ouvre un modèle pour le modifier, le nouveau fichier créé est encore un modèle. Quand on conçoit un document à partir d'un modèle, le fichier généré est un document et non pas un modèle.

La feuille de calcul

Elle prend le plus souvent la forme de tableaux de chiffres, de valeurs et de calculs les plus divers (fiches de paye, factures, statistiques). Il est essentiel de bien comprendre les grands principes du tableur dans la mise en forme et la représentation des informations afin d'en maîtriser son usage pour des besoins classiques (voir le chapitre sur le traitement des données).

Les éléments constitutifs

Dans un tableur, **la cellule** est la zone élémentaire pouvant contenir une information. La **feuille de calcul** est une grille de cellules structurée en **lignes** et **colonnes** et enfin **le classeur** est un fichier regroupant des feuilles de calcul.

Les styles

Dans une feuille de calcul, il existe deux catégories de styles : Les styles de cellule pour la mise en forme des cellules et les styles de page pour la mise en page des feuilles.

Comme pour les documents texte, les styles sont également hiérarchisés. Ici, le style « Par défaut » sert de base à tous les styles.

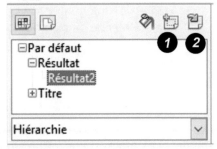

Pour mettre en forme une feuille de calcul, il est possible d'utiliser les styles de cellules pour une mise en forme automatique et homogène.

Pour modifier un style, on peut, soit modifier directement les propriétés du style, soit modifier directement les propriétés de la cellule et créer ❶ ou actualiser ❷ le style après. Dans les deux cas, la modification s'applique à tous les éléments pour lesquels ce style est affecté.

Les propriétés des cellules

Les propriétés des cellules sont accessibles depuis le clic droit puis la sélection de Formater les cellules.

La fenêtre, organisée en onglets, permet de paramétrer :

- L'apparence des caractères (police, taille, couleur, etc.).

- L'apparence et le format des nombres (décimal, monétaire, etc.).

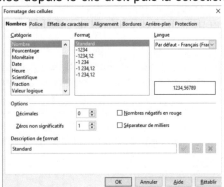

- L'alignement et la position du contenu de cellules (gauche, droite, centré, renvoi à la ligne, haut, etc.).

- L'apparence de la cellule (arrière-plan, bordure, etc.).

La mise en page

Dans un tableur, la mise en page n'a pas d'incidence sur l'aspect de la feuille en cours d'édition. Elle permet de préparer la feuille pour son impression.

La mise en page est définie dans un style de page et permet de :

- Définir l'échelle de la mise en page pour un ajustement précis sur une ou plusieurs pages.

- Préciser et modifier l'orientation de la page ainsi que les marges.

- Gérer les informations visibles dans l'en-tête et/ou du pied de page.

- Définir bordure et arrières plans, etc.

Le document de présentation

Les présentations permettent de constituer des supports pour les échanges, les soutenances orales ou encore les réunions en apportant un socle solide au discours et à la communication orale.

Les éléments constitutifs

Une présentation est constituée de diapositives qui sont composées de zones spécifiques (Titre, contenu) et d'éléments communs tels que logo, pied de page, etc.

Les styles

Deux catégories de styles prédéfinis concernent les présentations : les styles de présentation et ceux relatifs aux images.

Les styles de Plan, hiérarchisés, permettent d'élaborer des plans et numérotations personnalisés et homogènes dans les documents de présentation.

Les modifications et réactualisations de styles s'opèrent de manière identique aux opérations décrites pour les documents texte et les feuilles de calcul.

Le mode plan est particulièrement bien adapté pour débuter et organiser une présentation.

Le masque (ou diapo maîtresse) dans les présentations

Dans les logiciels de présentation, le masque de diapositives permet de définir les propriétés de mise en forme et de mise en page communes aux diapositives.

Il est possible d'en créer de nouveaux afin d'être appliqués suivant la forme de chacune des présentations.

A partir du menu Affichage/Diapo maîtresse , nous accédons au mode « masque » qui permet de gérer, modifier et créer des masques de diapositives.

Nous pouvons ainsi modifier la taille de la zone de titre, ajouter un logo, ajouter du texte fixe, etc.(*par exemple diapo avant le numéro*).

Les contenus des diapositives et des masques étant indépendants, il est facile d'appliquer un masque ponctuellement et d'en changer comme souhaité.

Pour personnaliser la forme d'une présentation, on peut soit modifier directement le masque concerné ou bien modifier les styles qui sont appliqués.

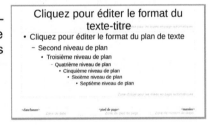

Le pied de page

Le pied de page des présentations est un élément indispensable car il permet d'indiquer simplement des repères clairs sur l'ensemble de la présentation. Ces informations sont exploitées au travers des masques de diapositives.

Le menu Insertion/En-tête et pied de page permet d'accéder à la page gérant l'ensemble des informations d'entête et pied de page.

Après avoir activé les champs/ zones sélectionnés puis initialisé les valeurs, il ne faut pas oublier d'appliquer les modifications pour que celles-ci soient bien prises en compte.

Actualisation automatique d'informations

Tout au long de son cycle de vie, le document ou la production numérique est susceptible d'évoluer et d'être complétée dans une logique de mise à jour, de réactualisation des informations qu'elle contient.

Dans ce contexte, la maîtrise des mécanismes natifs de génération ou d'actualisation automatiques de certaines informations permettent de garantir la cohérence des informations contenues dans le document.

Notion de champ

Un champ est un élément du document contenant une information générée et calculée automatiquement. L'utilisation des champs permet la mise à jour automatique d'informations qu'il est fastidieux d'actualiser manuellement.

Les champs disponibles peuvent être :

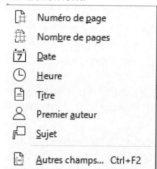

- Accessibles via le menu Insertion/Champ .

- Issues des propriétés du document (auteur, date, num page, etc.)

- Générés à partir d'éléments du document : Légendes, note de bas de page, table des matières.

Les champs sont identifiables au sein du texte grâce à une trame fond grisée qui peut être désactivée via le menu Affichage ou CTRL F8 .

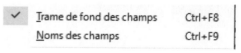

Par ailleurs, il est possible d'afficher le nom du champ plutôt que son contenu CTRL F9 .

Les champs prédéfinis

Un document est caractérisé par des propriétés telles que le nom de l'auteur, le titre, le sujet, la date de création, de dernière modification, etc. mais aussi par des informations contextuelles comme le nombre de pages.

Une simple sélection sur le nom d'un champ usuel permet d'insérer la valeur de ce champ à la position du curseur dans le texte.

Il est ainsi possible d'insérer plusieurs champs prédéfinis parmi la liste proposée et ceci dans les différentes zones du texte (entête, zone principale, etc.).

Les propriétés d'un document accessibles via le menu Fichier/Propriétés donnent des indications sur la description (champs :titre, sujet, etc.).

Ces informations peuvent être complétées depuis l'onglet Propriétés personnalisées par d'autres champs sélectionnables dans une liste prédéfinie ou bien à rajouter.

Une fois complétées, ces valeurs de champs peuvent être insérées à partir du menu Insertion/Champs/Autres, onglet Info document.

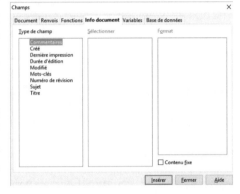

L'insertion de champs multiples au sein du document est possible à la position modifiable du curseur. L'action sur Fermer permet de clore la fenêtre et de stopper l'insertion.

Certains champs autorisent la modification du format d'affichage. (clic droit et Éditer les champs... sur le champ concerné).

Par ailleurs, les informations relatives aux champs insérés sont actualisées automatiquement (nombre de page, date de dernière modification, etc.).

Les notes de bas de pages

Les notes de bas de page sont des textes courts que l'on peut ajouter au document afin de fournir un complément d'informations.

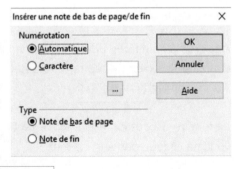

Elles sont composées d'un appel de note (numéro inséré dans le texte) et d'un texte de note (en bas de la page, dans la zone réservée à cet effet). Pour insérer une note, à la position du curseur, faites Insertion/Note de bas de page/de fin..

Après validation de la fenêtre d'insertion, le curseur se positionne dans la zone de note de bas de page en attente de saisie.

La numérotation des notes est automatique et s'actualise après chaque insertion/suppression de notes. Il est possible d'insérer également des notes de fin de document.

Les légendes

Il est possible d'associer des légendes à différents types d'objets tels que les illustrations, les tableaux, etc.

Elles sont composées d'un texte fixe caractérisant la catégorie (Illustration, Dessin, Tableau, etc.), d'un numéro et d'un texte descriptif.

La numérotation des légendes est automatique et s'actualise après chaque insertion / suppression de légendes.

Pour insérer une légende, sélectionnez le tableau ou l'illustration puis, clic droit et Insérer une Légende... .

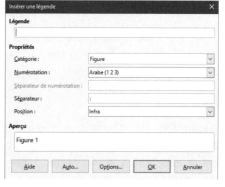

Saisissez le texte associé à l'objet en modifiant éventuellement la catégorie, la position, etc.

La numérotation est également automatique et s'actualise après chaque insertion/suppression de légendes.

Les entrées

Les entrées (lexicales) permettent d'alimenter un index lexical qui sera constitué dans un second temps et publié éventuellement en fin d'ouvrage.

Pour insérer une nouvelle entrée, après surlignage du texte concerné, faites menu Insertion/Tables des matières et index et Entrées d'index... .

Appuyez sur Insérer après avoir pris soin d'affecter les clés permettant de catégoriser éventuellement l'entrée.

La fenêtre d'insertion reste active tant que vous ne cliquez pas sur Fermer .

Les tables

Une table (ou index) est une liste d'éléments de même type générée automatiquement. On peut créer différentes sortes de tables en correspondance avec les éléments que l'on souhaite référencer.

La table des matières

La table des matières est habituellement construite à partir de la structure et des styles personnalisés. Elle regroupe les titres auxquels sont affectés des styles associés à des niveaux (par défaut : Titre1, Titre2, Titre3 , etc.).

Le menu Insertion/Table des matières et index permet d'insérer une table des matières à l'endroit où se trouve le curseur.

En cas de modification du document, il est indispensable d'actualiser la table des matières pour mise à jour (clic droit et « Mettre à jour l'index. ».

Il est possible de modifier les informations par défaut et de prendre en compte d'autres styles en modifiant les styles spécifiques servant à élaborer la table des matières.

La table des illustrations

La table des illustrations permet de répertorier la liste et localiser l'ensemble des illustrations pour lesquelles des légendes ont été préalablement associées.
Le mécanisme est le même que pour la table des matières. Lors de l'insertion de la table, prendre soin de bien choisir la table des illustrations.

L'index lexical

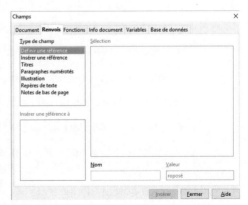

L'index lexical est généré automatiquement à partir des entrées (mots marqués) du texte.

Il recense les mots marqués et indique où ils se trouvent (N° de pages).

L'index lexical se place à l'endroit où se trouve le curseur au moment de l'insertion de l'index.

En cas de modification du document, il suffit d'actualiser l'index lexical pour que les modifications se répercutent automatiquement dans l'index.

Les renvois

Un renvoi permet de désigner un élément actif (titre, illustration, note, etc.) du document. Cette désignation peut prendre différentes formes (numéro de page, texte de référence, etc.). Les renvois sont appliqués à la position du curseur après avoir sélectionné le menu ⌶Insertion/Renvoi...⌶ puis après avoir choisi le type de champ et de représentation souhaitée.

Insertion d'image dans un document

Pour insérer une image, faites menu ⌶Insertion/Image...⌶.et sélectionnez votre image à partir du dossier identifié. *Voir exemple ci -dessous :*

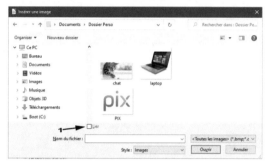

Vous avez alors deux possibilités d'insertion :

- La case Lier ❶ n'est pas cochée, l'image est intégrée dans le document. Le document est ainsi autonome et sa taille augmente en fonction de la taille de l'image intégrée.

- La case Lier ❶ est cochée, un lien vers le fichier image est inséré. La taille du document ne varie pas mais vous devez gérer le fichier image avec le document afin de garantir l'interdépendance entre les éléments.

Manipulations / propriétés sur les images

Un clic droit sur l'image permet d'accéder à des options accessibles aussi via l'option ⌶propriétés⌶, à savoir :

- Le **redimensionnement/rognage** d'image.

- Les options d'intégration au texte (**ancrage**).

- Les options **d'adaptation du texte**.

- Les options de **disposition, d'alignement** par rapport aux autres images éventuelles...

- L'ajout / insertion de légende

- Des options diverses de bordure, hyperlien, arrière-plan, etc.

Redimensionnement / rognage

Cette fonctionnalité consiste à adapter l'image en proposant de recadrer l'image grâce à des poignées permettant de masquer plus ou moins certaines parties de l'image.

Ancre

Cette fonctionnalité permet de préciser le lien de rattachement de l'image par rapport au contenu textuel du document. 4 options sont proposées :

- Un ancrage à la page.

- Un ancrage au paragraphe.

- Un ancrage au caractère.

- Un ancrage comme caractère.

Cette dernière option particulière permet un alignement de l'image sur la suite des caractères affichés. Cette dernière option est utilisée pour la mise en forme de vignettes, lettrines,…

Adaptation du texte

Cette fonctionnalité importante permet d'affiner l'intégration de l'image au sein du document textuel en proposant d'ajuster le positionnement de l'image, de régler le chevauchement éventuel de texte, les marges de contour, etc.

Insertion de légende

L'insertion de légende permet dans un second temps de pouvoir éventuellement éditer et générer automatiquement la table des illustrations et des légendes à inclure dans le document final.

Attention : Une photo numérique dans sa version d'origine peut être volumineuse. Pensez à réduire si possible sa taille <u>avant</u> de l'insérer afin de faciliter sa manipulation.

Insertion de dessins dans un document

Pour agrémenter et illustrer la présentation d'un document, on peut également choisir d'utiliser des dessins disponibles à travers la barre d'outils Dessin.

Sous une forme graphique et vectorielle, il est ainsi possible de rajouter des éléments (zones textes, des formes / symboles, etc.) parmi une liste prédéfinie.

Autres moyens et techniques d'alignement et d'intégrations

Deux autres fonctionnalités permettent aussi de regrouper les images.

❶ L'usage de cadres Insertion/Cadre permet de regrouper des images et/ou les repositionner par rapport au texte.

On retrouve également les fonctionnalités d'alignement, d'ancrage vues précédemment en ce qui concerne les propriétés des images.

❷ Tableau/Insérer un tableau offre également la possibilité d'aligner, d'ordonner images et dessins via un tableau.

L'astuce ici, consiste à supprimer les bordures de séparation des cellules du tableau.

Le cas des diapositives

Lors de la conception de présentations, nous manipulons des diapositives qui elles aussi sont conçues pour intégrer des éléments composites et graphiques.

Des zones prédéfinies (Titre, contenu, etc.) sont proposées en fonction de la mise en page sélectionnée. On peut ainsi :

- Insérer un nouvel élément (image, graphique, etc.).

- Supprimer ou déplacer une zone d'insertion.

- Changer de mise en page à partir de la liste proposée.

Insertion d'objets OLE dans les documents

Les **objets OLE** (Object Linking and Embedding) sont des objets éditables par d'autres applications. En double-cliquant sur l'objet inséré, l'application associée permet de modifier l'objet tout en préservant le contexte global du document.

Faites Insertion/Objets/Objets OLE pour insérer un objet OLE.

Vous avez alors la possibilité soit de créer un nouvel objet à partir d'une liste d'objets reconnus soit de créer un objet à partir d'un fichier existant.

Lors de l'insertion d'un objet existant à partir d'un fichier, si l'objet est lié au fichier, toute modification est répercutée dans le fichier source. Sinon, l'objet est dupliqué et intégré au document sans aucun lien avec le fichier source.

Insertion d'objets sur une page web

En consultation sur un site web, nous manipulons des ressources appelées pages web. Ces pages peuvent contenir des objets extrêmement variés (des photos, des dessins ou d'autres objets multimédia, vidéos, sons, etc.).

Dans une page web, les images ne sont pas intégrées dans le document.Elles sont ancrées au document via un lien qui pointe vers un fichier image distinct qui doit être accessible.
Par ailleurs, tous les formats d'images n'étant pas compatibles et reconnus par les différents navigateurs, il convient donc d'utiliser les formats **jpg**, **gif** ou **png.**

Lors de l'insertion d'objets au sein de pages web, il faut veiller à l'optimisation des ressources et à la taille des objets. En effet, les images trop volumineuses en termes de résolution et de taille prennent plus de temps à se télécharger et donc à s'afficher que celles plus petites et optimisées.

Il est donc important de réduire avant insertion les photos pour en limiter la taille et privilégier lorsque cela est possible des fichiers de type **.gif** ou **.png** particulièrement bien adaptés aux logos, dessins et autres symboles.

III.2 Développer des documents multimédia

Un document multimédia est un document contenant potentiellement du texte, des images et parfois du son ou des séquences vidéos.
Développer des documents multimédia nécessite avant tout de bien maîtriser les formats et leur caractéristiques.

L'association de plusieurs types d'éléments dans un même document favorise la compréhension et la lisibilité des informations. Il est important de bien savoir manipuler l'insertion d'objets de différentes natures dans un document.

Les caractéristiques des objets peuvent pouvoir être adaptées avant et après insertion, notamment en termes de format en adéquation avec les usages du document. Pour cela, les différents formats de fichiers, leurs caractéristiques et les impacts en termes de volume et de rendu doivent être compris et assimilés.

Les formats de fichiers image

Les images

Lorsqu'on veut insérer une image et plus particulièrement une photo dans un document, il est important de savoir distinguer les différents formats existants, leurs avantages et inconvénients afin de faire les bons choix.

Les Images matricielles (bitmap)

Une **image matricielle (*bitmap*)**, est une image constituée d'une matrice de points colorés où chaque case, appelé **pixel**, possède une couleur distincte et est considérée comme un point. Il s'agit donc d'une juxtaposition de points de couleurs formant, dans leur ensemble, une image. *(source wikipédia)*

Issues de diverses sources (appareils photos, smartphone, etc.), elles sont adaptées aux images complexes, conditionnées par le nombre total de pixel, **la résolution**. Le redimensionnement est généralement limité et fonction directement de la résolution. Plus cette résolution sera élevée, plus le fichier sera volumineux et plus les manipulations (recadrage, redimensionnement, etc..) seront possibles.

Une photo telles que celles issues de nos smartphones actuels dispose généralement d'une résolution élevée et calibrée sur une palette de couleurs importante (de l'ordre de 16 millions de couleurs) alors qu'inversement certains formats de type vignettes, logos ou dessins se contentent de faibles résolutions et parfois de seulement 256 couleurs.

Les photos sont disponibles habituellement au format **jpg**. Ce format est un format d'image compressé particulièrement adapté aux photographies. C'est le format standard des appareils photos numériques et autres smartphones. Les professionnels utilisent plutôt des formats non compressés tels que le **Raw** ou **Tiff** nettement plus volumineux.

Pour les petits dessins et logos qui exploitent un nombre limité de couleurs et de nuances, on privilégie le format **gif** ou **png** plus adaptés. On utilise des outils et logiciels standard comme **Paint, Photoshop** pour les traiter et les modifier.

Les Images vectorielles

Une **image vectorielle** est une image créée sur un ordinateur à partir de formules mathématiques. À la différence d'une image matricielle composée de pixels, une image vectorielle est faite de formes géométriques simples (polygones, lignes, ellipses) possédant diverses caractéristiques paramétrables telles que hauteur, longueur, rayon, couleur, etc. De faibles tailles elles acceptent les redimensionnements sans perte de qualité car les images sont recalculées à chaque transformation afin d'être optimisées.

Elles ne permettent pas de rendre des images complexes comme les photos mais sont largement utilisées dans les jeux, les dessins d'architectures, le design, la conception assistée, aéronautique, etc.

Leurs formats et extensions sont en général **.svg, eps, emf.** Elles sont conçues à l'aide d'outils et logiciels graphiques spécifiques tels que : **Adobe Illustrator, LibreOffice Draw, CorelDraw, Gimp**, etc.

Les fichiers son et vidéo

Ces fichiers bien spécifiques sont utilisés principalement pour élaborer des présentations sur Impress ou pour composer des pages web. Ils sont rarement utilisés au sein de documents textes classiques. Ces fichiers s'appuient sur des formats spécifiques optimisés, compressés comme le **.mp3, .ogg** pour les fichiers audio et **.avi, mp4** pour les vidéos.

Pour manipuler, modifier ou effectuer des montages complexes de vidéo et audio, bien que des applications sur smartphone permettent de faire des montages rapides, on privilégiera des logiciels spécifiques tels que **Audacity**, **Adobe Première**, **Pinnacle Studio** qui nécessitent des ordinateurs puissants.

Pour visualiser les fichiers Audio ou vidéo, on s'appuie sur les logiciels de base sous Windows (**Médiaplayer)** ou on utilise des logiciels spécialisés comme **VLC Média player** par exemple.

Le cas des Gif animés.

Les gif animés sont de petits fichiers optimisés qui donnent l'apparence d'animations. Ces gifs animés sont constitués d'une multitude de petites images qui s'enchaînent pour donner l'apparence de la dynamique souhaitée.

Pour réaliser ces gifs animés, on utilise en général des logiciels spécialisés tels que **Gif Animator, Photoshop**, etc.

Maîtriser la capture d'écran

Que ce soit pour préparer une présentation, un document de formation, etc. savoir réaliser une capture d'écran peut se révéler utile dans de nombreuses situations. Je vous invite à parcourir différentes méthodes plus ou moins sophistiquées. *(source https://www.techsmith.fr/blog/)*

La touche Impr. Écran (ou PrtScn)

Appuyez sur la touche Impr. écran en haut à droite de votre clavier. La capture d'écran sera automatiquement copiée dans le presse-papiers. Pour enregistrer le fichier, vous n'aurez ensuite plus qu'à coller la capture d'écran dans n'importe quel programme vous permettant d'insérer des images

L'outil Capture d'écran de Windows

Windows dispose d'un outil de capture d'écran intégré, idéal si vous souhaitez personnaliser ou annoter vos captures d'écran.

Pour accéder à l'outil, parcourez le menu Démarrer de votre PC, ou tapez "capture" dans la barre de recherche, puis sélectionnez Outil **Capture d'écran**. Une fois le mode de capture d'écran choisit (Plein écran, Rectangulaire, Fenêtre, Forme libre), il vous suffit de cliquer sur Nouveau puis de sélectionner la zone de l'écran que vous souhaitez capturer. Votre capture apparaît et est modifiable en utilisant différentes options (gomme, crayon, etc.). Il ne vous reste enfin plus qu'à enregistrer votre capture d'écran, ou bien à l'insérer directement au sein d'un document ou d'un email via un simple copier-coller.

Le logiciel Capture et croquis

Installé par défaut sur la plupart des ordinateurs Windows 10, ce logiciel possède davantage d'options que le simple outil Capture d'écran.

Pour l'utiliser, accédez au logiciel Capture d'écran et croquis via le raccourci clavier Touche Windows + Maj + S, ou bien via le menu Démarrer en tapant le terme « croquis ». Cliquez sur le bouton Nouveau, puis sélectionnez la zone que vous désirez enregistrer. Vous pouvez ensuite la modifier, l'annoter avec vos remarques, en surligner des zones importantes, ou encore dessiner dessus. Terminez en enregistrant votre capture d'écran via le bouton dédié, ou le raccourci clavier Ctrl + S.

Utiliser des logiciels à télécharger

Vous n'êtes pas sous Windows, cela n'est pas grave. Il existe aussi pour vous une multitude d'autres logiciels de capture d'écran offrant des fonctionnalités avancées intéressantes comme **Greenshot** ou encore **Snagit**.

III.3 Adapter les documents à leur finalité

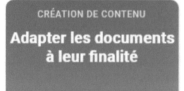

CRÉATION DE CONTENU

Adapter les documents à leur finalité

Dés la création d'un document, il est important de s'interroger sur l'usage futur de ce document, son contexte d'utilisation afin de l'adapter si nécessaire. Il est également indispensable d'en maîtriser l'usage des licences pour faciliter et encadrer son utilisation dans divers contextes.

Préparer ou adapter un document pour le diffuser

Un document destiné à être diffusé peut prendre des formes différentes suivant l'objectif de communication, le type de public concerné et le canal de diffusion utilisé. Si un document peut être destiné à être modifié ou amendé avant d'être diffusé dans sa version finale, sa publication peut prendre diverses formes : publication web, impression, projection sur écran, etc.

En fonction du contexte et de nombreux paramètres, le contributeur doit tenir compte des règles d'accessibilité et doit choisir l'outil de conception, le type de document sans oublier les éléments descriptifs (auteur, date, etc.) en fonction des situations de diffusion.

Principes et règles générales à respecter

Importance de la mise en forme

On n'insistera jamais assez, la mise en forme d'un document est primordiale. Toute variation de mise en forme sera interprétée par le lecteur. Il est donc essentiel de respecter certains principes de base privilégiant autant la forme que le fond afin que le document soit agréable à lire, sans efforts particuliers.

On doit rechercher de la clarté, de l'homogénéité dans le rendu sans s'interdire de varier l'écriture par l'intégration adaptée de symboles et enrichissements typographiques choisis à bon escient.

Le format du document doit être adapté au support

Suivant le type de support permettant sa visualisation (écran, papier, vidéoprojecteur, smartphone…), un document numérique doit tenir compte à la fois du format mais également des contraintes liées au média.

Il est souvent nécessaire d'effectuer certaines adaptations sur la mise en page, le redimensionnement, les liens interactifs, les animations afin que la diffusion soit efficace et que le message reste pertinent.

Repères et rigueur rédactionnelle

Il est essentiel d'être homogène et rigoureux dans les formes grammaticales utilisées pour exprimer les intitulés de chapitres, les listes et les titres. Par ailleurs une homogénéité dans le style et la construction des phrases est essentielle (voix passive/active, etc.).

Enfin, n'oubliez pas de mettre en place les dispositifs permettant aux lecteurs de se repérer et de se retrouver le cas échéant dans le déroulé du document au travers par exemple de liens vers un sommaire, des boutons de retours en arrière, des menus, des indications de pages, etc.

Le choix de la bonne police

Sur écran, il est important de choisir des polices dites **sans sérif** (*Arial, Helvetica, Geneva par exemple*). En effet, celles-ci sont plus lisibles que les polices avec sérif.

Sachez aussi que les modes Gras et italique ont tendance à ralentir le rythme de lecture alors que l'écriture en majuscules s'avère moins lisible qu'en minuscules.

Il existe une multitude de polices en standard sur les ordinateurs et celles payantes ou gratuites qu'il est possible d'installer simplement. Attention néanmoins, l'usage d'une police spécifique sur vos documents peut poser des problèmes sur des postes ne disposant pas de la police utilisée.

L'idéal est de privilégier l'usage de polices standards pour éviter tout soucis d'interopérabilité.

Enfin, notez la possibilité de télécharger et d'utiliser une police particulièrement adaptée aux dyslexiques et qui leur facilite la lecture.
https://www.dafont.com/fr/open-dyslexic.font

Charte Graphique

La charte graphique permet de définir des règles de présentation dans le but de conserver une cohérence graphique. Présente dans la majorité des organisations et entreprises, elle impose, en règle générale, un choix de polices, de couleurs, de mises en forme voire de bannières et de logos qui doivent être présents sur tous supports produits et destinés à être communiqués.

Dans un document type, cela peut se traduire par l'usage de modèles prédéfinis incluant un logo, un choix de polices voire un entête spécifique. Pour un diaporama, cela se décline par l'utilisation de modèles puis des masques pour homogénéiser les diapositives.

Enfin pour une publication sur un site web, on utilise des feuilles de styles (CSS) associées à un cadre de pages standards défini à la charte pour avoir une cohérence visuelle des différentes pages web.

L'impression de documents

En règle générale, pour imprimer un document issu d'une suite bureautique, on procède en deux étapes :

- On **finalise la mise en page du document** en utilisant le logiciel d'édition du document adapté (traitement de texte, tableur, présentation, etc.) sans oublier la mise à jour des tables, la définition de l'en-tête et du pied de page, l'orientation, les marges, etc.

- On **précise les paramètres finaux pour l'impression** : Choix de l'imprimante, nombre de copies, mode recto/verso, etc.

Format et mise en page

Par défaut, un document textuel est au f**ormat portrait** mais si celui doit être diffusé sur un écran TV, un vidéo projecteur, il sera peut-être plus judicieux de le transposer au **format paysage**. Le format doit être adapté le plus tôt possible dans son élaboration pour que la mise en page, l'agencement du document soit le plus fiabilisé et optimal possible.

Par ailleurs, pour les documents supports de présentation, on veillera à respecter **l'identité visuelle** (en tête, pied de page, logos) afin que le document dans son ensemble soit agréable à parcourir et le plus homogène qui soit.

Pour les documents destinés à être imprimés, il est important que l'impression respecte les marges et les zones non imprimables par exemple.

La zone d'impression

En règle générale, la zone à imprimer est à préciser au moment de l'impression. Vous avez le choix entre : toutes les pages, des pages distinctes ou encore la partie sélectionnée du document.

Dans le cas du tableur, au-delà de la zone d'impression spécifique pour chaque feuille, il est possible de définir les lignes à répéter en cas d'impression sur plusieurs pages ainsi que l'échelle d'impression lorsque les tableaux sont délicats à imprimer.

Il peut être utile d'imprimer un document que ce soit pour le lire et l'annoter plus facilement ou pour le distribuer à un auditoire n'ayant pas d'ordinateur.

Certains logiciels comme Impress proposent des formats d'impressions spécifiques avec les diaporamas.

Ainsi, le mode « Plan » permet d'imprimer la structure hiérarchique de la présentation, le mode « Notes » permet de disposer d'annotations (ou commentaires) non visibles à la présentation mais très utiles pour le présentateur. Le mode « Prospectus » permet d'imprimer un support à distribuer au public regroupant plusieurs diapositives par feuilles.

L'importance du support

Le document texte

Le document texte a de nombreux atouts : diffusion rapide et gratuite, en pièce jointe à un courriel ou en téléchargement. Son encombrement est minimum (clé USB) et respecte l'environnement (moins de papiers).

On distingue 2 types de formats :

- **Les formats modifiables** : doc, odt, xls, odp, ppt, mais attention à bien s'assurer que l'utilisateur dispose du logiciel permettant de lire correctement le document.

- **Le format portable pdf** : C'est « le standard » pour la diffusion d'un document numérique. Il peut être lu facilement et a l'avantage de respecter la mise en forme initiale. Par ailleurs, ce type de document n'est pas modifiable directement et simplement.

Pour lire un pdf, il suffit de disposer d'une application de lecture pdf sur sa machine (Acrobat Reader téléchargeable gratuitement). Certains navigateurs web proposent également la lecture de fichiers pdf directement.

Pour créer un pdf, La majorité des logiciels bureautiques dans leurs dernières versions proposent maintenant ce format. Dans le cas contraire, il convient d'utiliser un logiciel spécifique comme le logiciel libre PDFCreator qui s'installe comme un pilote d'imprimante et permet de générer un fichier au format pdf lors du choix spécifique d'impression vers PDFCreator.

Note : Si vous devez présenter un diaporama (odp, ppt, pptx) sur un ordinateur tiers dont vous ne maîtrisez pas le contenu, il est conseillé de disposer également d'une version de votre présentation au format pdf.

Ainsi, en cas d'indisponibilité de votre logiciel préféré de présentation, vous pourrez toujours en assurer la présentation presque comme attendue, juste sans les animations éventuelles !

La présentation ou diaporama

Un diaporama est une succession de diapositives servant généralement de support à une présentation orale.

Les diapositives doivent contenir uniquement les idées essentielles de la présentation et en aucun cas le discours de l'orateur dans son intégralité.
Des diapositives trop denses auront tendance à désorienter l'auditoire qui risque de se désintéresser rapidement de la présentation. Privilégiez une présentation basée uniquement sur des titres, des idées dans une mise en forme très aérée.

Évitez de lire systématiquement les diapos et appuyez-vous au contraire sur les titres pour détailler, argumenter vos propos en donnant du rythme, ce qui permettra de mieux capter l'attention de vos invités.

Si les diapositives peuvent s'enchaîner manuellement (au clic de souris) ou automatiquement, l'ajout **d'un effet de transition** peut rendre également la présentation plus dynamique.

Par ailleurs, des animations personnalisées permettent aussi de garder une attention particulière de l'auditoire et de souligner des messages importants en jouant sur les variations et effets de surprise.

Attention néanmoins de ne pas en abuser ! Trop d'animations et de variations peuvent donner l'impression d'une présentation décousue voire lassante ayant pour conséquence de rendre le discours inaudible.

De nombreux sites sur Internet regorgent de conseils pour rendre les présentations efficaces, comme le site http://www.presentation-design.fr et cet excellent document : http://www.simpleslide.com/doc/BigPresentation.pdf

Le document ou page web

Une page Web est un document hypertexte écrit en langage HTML. Les pages s'affichent via un navigateur web et contiennent du texte, des images, du son ainsi que des liens hypertextes.

Les pages doivent être publiées sur un serveur web afin qu'elles soient accessibles de tous via Internet.

Sans vouloir détailler les nombreuses solutions qui permettent le développement de sites sophistiqués de manière rapide, il est bon d'en rappeler les principes :

Pour créer son propre site web, deux approches se distinguent :

- Soit on utilise un logiciel installé localement depuis sa machine et on procède dans un deuxième temps au transfert des pages, images et autres ressources (via FTP) sur le serveur web cible qui héberge le site web.

- Soit, on utilise des services de développement spécifiques disponibles en ligne qui permettent à la fois d'élaborer et de publier directement les pages ainsi contribuées. (*WordPress, Joomla, etc.*).

Droits d'exploitation et d'auteur.

Lorsque la diffusion des documents sort du cadre strictement personnel, il faut systématiquement se poser la question du respect des droits d'auteurs des visuels et des ressources utilisées et de la protection éventuelle de l'auteur vis à vis de son œuvre (le document).

Ressources partagées

Les ressources, images, dessins peuvent être personnelles, libres de droits ou bien recueillir l'autorisation explicite de leurs auteurs sous peine de poursuites.

Licences Creative Commons

Il est possible de protéger les ressources produites ainsi que les documents finalisés en leur attribuant une licence **Creative Commons** précisant alors les conditions d'exploitations et d'utilisation comme s'il s'agissait d'une œuvre.

Creative Commons est une organisation à but non lucratif, dont le but est de faciliter la diffusion et le partage des œuvres, tout en accompagnant les nouvelles pratiques de création à l'ère du numérique.
Un auteur choisit parmi les sept licences proposées celle qui est la mieux adaptée à l'œuvre qu'il souhaite diffuser, préservant certains de ses droits tradition-

nellement protégés de façon exclusive par le droit d'auteur classique (modification, usage commercial, production dérivée, etc.), mais autorisant de fait la libre diffusion de ses œuvres.

Le tableau ci dessous résume les différentes type de licences proposées par Creative Commons.

Désignation complète du contrat	Terme abrégé	Symboles				Type de licence
Zéro	CC-**Zero**			⓪		Licence libre non copyleft
Attribution	CC-**BY**	🛈				Licence libre non copyleft
Attribution Partage dans les mêmes conditions	CC-**BY-SA**	🛈			↻	Licence libre copyleft
Attribution Pas de modification	CC-**BY-ND**	🛈	=			Licence de libre diffusion
Attribution Pas d'utilisation commerciale	CC-**BY-NC**	🛈	$			Licence de libre diffusion
Attribution Pas d'utilisation commerciale Partage dans les mêmes conditions	CC-**BY-NC-SA**	🛈	$		↻	Licence de libre diffusion
Attribution Pas d'utilisation commerciale Pas de modification	CC-**BY-NC-ND**	🛈	$	=		Licence de libre diffusion

Attribution [BY] (*Attribution*) : l'œuvre peut être librement utilisée, à la condition de l'attribuer à l'auteur en citant son nom. Cela ne signifie pas que l'auteur est en accord avec l'utilisation qui est faite de ses œuvres.

Pas d'utilisation commerciale [NC] (*NonCommercial*) : le titulaire des droits peut autoriser tous les types d'utilisation ou au contraire restreindre aux utilisations non commerciales (les utilisations commerciales restant soumises à son autorisation). Elle autorise à reproduire, diffuser, et à modifier une œuvre, tant que l'utilisation n'est pas commerciale.

Pas de modification [ND] (*NoDerivs*) : le titulaire des droits peut continuer à réserver la faculté de réaliser des œuvres de type dérivées ou au contraire autoriser à l'avance les modifications, traductions.

Partage dans les mêmes conditions [SA] (*ShareAlike*) : le titulaire des droits peut autoriser à l'avance les modifications ; peut se superposer l'obligation (SA) pour les œuvres dites dérivées d'être proposées au public avec les mêmes libertés que l'œuvre originale, sous les mêmes options Creative Commons.

Zéro : le créateur renonce à ses droits patrimoniaux (il est impossible de se défaire de son droit moral en France). Aucune limite à la diffusion.

(Source : https://fr.wikipedia.org/wiki/Licence_Creative_Commons)

III.4 Programmer

Que ce soit pour automatiser des tâches répétitives, résoudre un problème logique ou développer un contenu riche, la programmation nous facilite la vie tous les jours ! Entre l'interprétation d'un algorithme et développer un programme complexe, découvrons quelques notions concrètes des bases de la programmation.

Il ne s'agit pas de présenter ici de manière détaillée la programmation et le développement d'applications plutôt réservés à des compétences en lien avec le métier d'informaticien. Nous allons évoquer plutôt les concepts généraux de la programmation que chacun doit avoir en tête dans les usages du numérique au quotidien.

Le codage

Du codage binaire aux octets

Un ordinateur dialogue avec ses composants et périphériques en langage binaires qui se résument à deux états : **0 et 1.** Un ensemble de 8 bits constitue un **octet, ce** qui nous permet de quantifier, comme nous l'avons vu dans un chapitre précédent, les unités de stockage par exemple pour déterminer la taille d'un fichier.

Partout le binaire, au cœur des applications et de tout code de programmation, contribue aux échanges les plus complexes, les plus internes, Par exemple, un **code ASCII** sous la forme d'un octet permet de coder la saisie d'une touche au clavier qu'on souhaite contrôler.

Codage hexadécimal

S'il est difficile d'échanger spontanément avec un codage binaire constitué de 0 et de 1, on préfère quand cela est possible utiliser un codage intermédiaire plus facile à interpréter pour les programmeurs ou les informaticiens en général.

Comme nous l'avons dit, un octet est une suite logique de 8 bits et peut prendre la valeur maximum de 255 en décimal.
Le système hexadécimal utilise 16 symboles appelés **chiffres hexadécimaux** : 0, 1, 2, 3, 4, 5, 6, 7, 8, 9, A, B, C, D, E, F.

Il permet une conversion directe sans aucun calcul avec le système binaire, du fait que 16 est une puissance de 2. *(exemple #F72E07 correspond à une couleur rouge en hexadécimal).*
On retrouve ce type de code couleur lorsqu'on manipule des objets graphique que ce soit dans Writer, Photoshop,Paint...

Les algorithmes

Pour tenter de faire simple, un **algorithme** est une suite finie d'opérations ou d'instructions qui permet de résoudre un problème ou d'obtenir un résultat. Les **algorithmes**, programmés sous la forme de logiciels informatiques, sont omniprésents dans le monde numérique.

Alors pourquoi relions-nous toujours ce mot à l'informatique et aux ordinateurs en particulier ? Tout simplement parce qu'un algorithme est avant tout un ensemble de méthodes utilisées par un ordinateur pour résoudre un problème, effectuer une fonction ou une opération.

Pour plus de détails sur les algorithmes en général et leur utilité, je vous recommande la page sur laquelle sont issus les définitions retranscrites ci-dessus : https://openclassrooms.com/fr/courses/4366701-decouvrez-le-fonctionnement-des-algorithmes/4384797-decouvrez-linteret-des-algorithmes

De Scratch à SQL en passant par Python…

Le logiciel Scratch

Aujourd'hui, dans les programmes pédagogiques dés le secondaire, l'algorithmie et la programmation sont inclus dans les programmes pédagogiques dés le secondaire.

Au collège, des apprentissages accompagnés par l'usage du logiciel Scratch permettent visuellement de comprendre la logique des programmes, des déclarations de valeurs, des boucles, des itérations, des traitements, etc. Associés à la réalisation de dessins géométriques ou de jeux, cela permet de concrétiser le passage des algorithmes à la programmation.

On trouve sur Internet de nombreux sites et d'exemples sur ce qu'il est possible de réaliser en terme de programmes avec Scratch.

Python dés le lycée

La programmation en lycée s'inscrit dans le prolongement de l'enseignement d'algorithmique et de programmation dispensé au collège. Après avoir utilisé un langage de programmation par blocs (Scratch) au collège, les élèves de lycée doivent utiliser un langage de programmation textuel (Python).

Ce choix récent traduit une volonté manifeste d'introduire une culture commune autour du codage et d'utiliser un langage simple d'usage, concis, libre et gratuit, multi-plateforme, largement répandu, adapté aux thématiques étudiées en classe et bénéficiant d'une vaste communauté d'auteurs dans le monde éducatif. *(Source : https://www.tice-education.fr/)*

Pour aider les élèves à s'approprier l'utilisation du langage Python, on utilise des outils en ligne ou hors ligne comme **EduPython**, **Jupyter**, **QPython**, etc ...

Exemple de programme écrit en Python :
Le programme ci-dessous permet : de choisir une valeur, d'ajouter 2, de multiplier par 2 puis d'afficher le résultat final.

```
"""
Le programme vous demande de choisir
en bouche des valeurs de x.
Pour sortir il suffira de choisir la valeur 0.
"""

x=3 #cette valeur permet de rentrer dans la boucle
while(x!=0):
x=int(input("Rentrer la valeur de x : "))
resultat=x+2
resultat=resultat*2
print("pour x = "+repr(x)+", le résultat est : "+repr(resultat)+" !\n")

print("Happy end !")
```

Gérer les données : SGBD et SQL

Sur la majorité des logiciels et sites sur lesquels nous manipulons des données, celles-ci sont stockées en général de façon structurée et c'est le système qui s'occupe de l'enregistrement et de leur mise à disposition. C'est donc le système (moteur), qui gère la lecture et l'écriture. On appelle ce système un **SGBD (Système de Gestion de Base de Données)**. En conséquence, il suffit de dire au moteur ce qu'il doit faire et il s'occupe de tout.

Le schéma ci dessous illustre l'utilisation d'une base de données depuis une application sur smartphone via le langage SQL.:

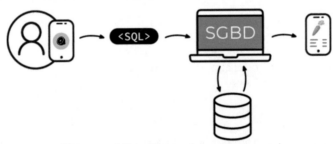

(Source : https://openclassrooms.com)

Construction et programmation des pages web

Autre cas de programmation, intéressons-nous à la construction des pages web omniprésentes dans le monde numérique dans lequel nous vivons.

Une page web classique est généralement constituée d'un document rédigé en Hypertext Markup Language (**HTML**) pour la structure de base, d'images numériques, de feuilles de style en cascade (**CSS**) pour la mise en page, et de code **JavaScript** pour la programmation des fonctionnalités plus avancées.

Le langage HTML

HTML n'est pas en fait un langage de programmation à proprement parlé. C'est un **langage de balises** qui définit la structure du contenu de la page. HTML et se compose d'une série d'éléments, utilisés pour entourer ou envelopper, les diverses parties du contenu et pour les faire apparaître ou agir d'une certaine façon.

Les balises encadrantes peuvent être rendues par un mot, une image ou un lien hypertexte vers quelque chose d'autre, un texte en italique, une police plus grande ou plus petite, et ainsi de suite.

Exemple de code HTML qui permet de comprendre l'usage global des balises :

```
<!DOCTYPE html>
<html>
 <head>
  <meta charset="utf-8">
  <title>Ma page de test</title>
 </head>
 <body>
  <img src="images/firefox-icon.png" alt="Mon image de test">
 </body>
</html>
```

Feuilles de style CSS et Javascript.

Les feuilles de style en cascade (*Cascading StyleSheets* **ou CSS**) sont des fichiers de codage associés au fichier principal HTML. Elles permettent la mise en forme de la page voire du site Web. Par exemple, pour changer le texte de rouge en noir, changer la position d'un élément sur l'écran ou encore positionner des images sur votre site web.

Le langage JavaScript

C'est le langage de programmation utilisé pour ajouter des fonctionnalités dans les sites Web, comme par exemple gérer les événements déclenchés lorsqu'un bouton est pressé ou quand des données sont saisies dans un formulaire, dans la gestion d'animations, etc.

Autres langages de programmation.

Il existe à ce jour une multitude de langages de programmation qui permettent de développer des applications et des systèmes dans des domaines très variés comme le web, les mobiles, les objets connectés, etc. en lien avec les tendances actuelles. Pour n'en citer que quelques uns : **Java, Angular, C++, etc.**

IV. PROTECTION ET SÉCURITÉ

Dans un contexte de connexion quasi permanente à Internet et de l'émergence du numérique à tous les niveaux, le domaine de la protection et de la sécurité n'a jamais été aussi vital. Les enjeux sont capitaux et la majorité des entreprises bien sensibilisées aux risques encourus investissent massivement pour sécuriser leur informatique et leurs services.

IV.1 Sécuriser l'environnement numérique

Il ne se passe pas 5 minutes sans qu'une entreprise soit victime d'une attaque virale, entraînant des dégâts parfois irréparables sur les organisations et les infrastructures informatiques. Personne n'est épargné et nous sommes tous potentiellement vulnérables devant la multitude de menaces actuelles.

Bien gérer son authentification

L'opération d'authentification consiste à contrôler que les informations nécessaires à la connexion (identifiant, mot de passe, …) sont conformes à ce qui est attendu.

Aujourd'hui, on doit s'authentifier de nombreuses fois dans la journée et on s'expose sans le savoir à des dangers importants si on ne prend pas les précautions élémentaires surtout en ce qui concerne la gestion des mots de passe :

Pensez-vous que vos mots de passe soient suffisamment sécurisés en cas de défaillance ou d'attaque malveillante ?

Pour vous en persuader et vous sensibiliser sur le choix d'un bon de mot, testez vos mots de passe sur **https://howsecureismypassword.net/**.

Après ce rapide petit exercice, il est bon de rappeler les règles et précautions de base :

- **Ne pas utiliser le même mot de passe** pour l'ensemble des accès même si celui-ci est considéré complexe.

- **Garder le mot de passe secret** (ne jamais le communiquer, ne pas le copier sur un agenda ou sur un post-it à côté de l'ordinateur...).

- **Choisir des mots de passe robustes** composés d'au moins huit caractères combinant obligatoirement lettres minuscules, lettres majuscules, chiffres et symboles ou caractères spéciaux.

- Le mot de passe ne doit avoir **aucune signification évidente** (pas de dates de naissances, prénoms, mots du dictionnaire, ...) de façon à éviter qu'une personne puisse le deviner facilement.

Définir un bon mot de passe robuste

Pour créer un bon mot de passe facile à retenir, il existe de nombreuses méthodes éprouvées. Par exemple, on peut s'appuyer sur des astuces mnémotechniques facilitant la mémorisation. Pour n'en citer que quelques-unes :

- **La méthode phonétique** consiste à générer un mot de passe complexe à partir d'une phrase simple à mémoriser. « J'ai acheté dix DVDs pour deux cent euros cet après-midi » = ght10DVD2%E7am.

- **La méthode des premières lettres** est également efficace si on prend le soin d'alterner lettres minuscules, majuscules, chiffres et caractères spéciaux : « une pierre qui roule n'amasse pas mousse » =1Pqrn'mpM.

- Enfin, sur la base d'un mot de passe unique mais complexe, il est facile d'imaginer **des variantes** selon le contexte : Si mon mot de passe usuel est « Usrt85T@fr », son adaptation pour Facebook pourrait être par exemple « FBUsrt85T@frfb » et pour Gmail « GMUsrt85T@frgm ».

Le gestionnaire de mots de passe

Une autre solution consiste à utiliser un gestionnaire de mots de passe. Il s'agit d'un type de logiciel ou de service en ligne qui permet à un utilisateur de gérer ses mots de passe, soit en centralisant l'ensemble de ses identifiants et mots de passe dans une base de données (portefeuille), soit en les calculant à la demande. Le gestionnaire de mots de passe est protégé par un mot de passe unique, afin de n'en avoir plus qu'un seul à retenir. (source Wikipédia : https://fr.-wikipedia.org/wiki/Gestionnaire_de_mots_de_passe)

Pour n'en citer que quelques-uns : **LockPass, Keepass, 1Password, LastPass, Keeper, Dashlane**. etc.

Parfois, l'usage unique d'un mot de passe trop simple peut entraîner des situations délicates voire catastrophiques pouvant causer l'usurpation d'identité en prenant le contrôle de la messagerie, du compte Facebook,...

Voilà quelques conseils pour se prémunir d'une usurpation d'identité :

- Ne jamais utiliser le même mot de passe trop simple (suivre les règles édictées précédemment).

- Ne jamais mémoriser un mot de passe sur un ordinateur surtout si on n'est pas le seul à l'utiliser !

- Être vigilant dans la lecture des courriels et sachez détecter les tentatives d'hameçonnage ou de phishing.

Le cas du **phishing** : il s'agit de courriels semblant provenir d'une institution sérieuse et officielle (banque, service public, etc.) qui tentent de détourner la vigilance des usagers en demandant par exemple des renseignements personnels (mot de passe, référence bancaire, etc.).

Le plus souvent, l'internaute est sollicité à travers un courriel l'incitant à cliquer sur un lien. Il est ainsi redirigé vers un site frauduleux ressemblant comme deux gouttes d'eau au vrai site !
Pour éviter tout problème de phishing, vérifiez le nom de domaine de l'URL ! Ne jamais cliquer sur un lien se trouvant dans le contenu d'un courriel. Ouvrez votre navigateur et retapez l'URL connue.

On nous suit à la trace (numérique) !

Que ce soit via l'envoi de courriels, le lancement d'une recherche ou lorsque nous consultons des sites web, nous laissons des traces de nos activités au niveau des ressources que nous manipulons.

Les fichiers

Les fichiers tels que textes, photos, vidéo contiennent des données cachées qui permettent de disposer d'informations essentielles sur la nature, l'origine et le type de manipulations éventuelles.

Par exemple les propriétés de fichiers textes manipulés par LibreOffice permettent de connaître la date, l'heure et le nom du créateur du fichier, les différentes révisions et modifications éventuelles.

S'il s'agit d'une photo numérique, des informations comme la date et l'heure du cliché, le modèle de l'appareil photo, ses réglages sont également accessibles au sein du fichier de la photo en utilisant certains logiciels spécifiques voire tout simplement en visualisant les propriétés du fichier via le gestionnaire de fichiers.

Les fournisseurs d'accès à Internet (FAI)

Si tout ordinateur connecté à Internet est identifié par une adresse IP, adresse attribuée par le fournisseur d'accès à Internet (FAI), la législation oblige l'opérateur à mémoriser et à conserver pendant au moins un an toutes les connexions (date, type d'échange, etc.) et informations spécifiques pour chacune d'entre elles.

Les serveurs web

Lorsque nous consultons une page web, des informations relatives au contexte de connexion (adresse IP, système d'exploitation, version navigateur, résolution d'écran, etc.) sont récupérées par le serveur qui peut exploiter ces informations à des fins d'analyses et statistiques.

Les cookies

Inversement, il arrive fréquemment que le serveur web visité vienne déposer de petits fichiers sur le poste de l'internaute. Ces fichiers appelés « **cookies** » contiennent des informations relatives à la navigation (login utilisateur, informations de visites, etc.).

Ces informations seront consultées et exploitées par ce serveur lors de prochaines visites. Suivant le navigateur utilisé, il est possible de contrôler voire désactiver ces cookies tiers qui ne sont habituellement pas indispensables pour profiter des ressources disponibles sur Internet. Si vous souhaitez limiter vos traces, il est recommandé de les refuser par défaut.

Autres caches et historiques de navigation.

De nombreux mécanismes et variantes telles que les espaces d'historique de navigation, les caches de navigation laissent également des traces de nos passages et de notre activité sur Internet. Notez cependant que les fonctionnalités de **navigation privé** que proposent les navigateurs récents permettent de limiter grandement les traces laissées sur nos machines.

Le lien : https://www.cnil.fr/fr/cookies-les-outils-pour-les-maitriser donne de précieuses indications sur les manières avec lesquelles nous pouvons mieux contrôler les traces que nous laissons.

Nos courriels

Lorsqu'un courriel est envoyé, de nombreuses informations masquées et situées dans l'en-tête du message sont transmises. Ces informations permettent de détailler la nature du message en donnant des informations relatives à son émetteur (logiciel utilisé, système d'exploitation, usage d'un antivirus).

```
Delivered-To: jpdupond@gmail.com
Received: by 10.80.152.70 with SMTP id h6csp699310edb;
        Wed, 11 Oct 2017 07:41:38 -0700 (PDT)
X-Google-Smtp-Source:
AOwi7QCUcjH1Pe9PpvPA2FpnN1123OruQlE3WDPWo+mkShUJLIDkYlLqoRkP9L
rdy81ToZEgN2PNrvXQFAp1gG=
X-Received: by 15.223.143.105 with SMTP id
p96mr16851958wrb.266.1507732897185;
        Wed, 11 Oct 2017 07:41:37 -0700 (PDT)
Authentication-Results: mx.google.com;
        spf=neutral (google.com: 195.220.143.124 is neither
permitted nor denied by best guess record for domain of
elsa.kader@orange.fr) smtp.mailfrom=elsa.kader@orange.fr
Received-SPF: neutral (google.com: 195.220.143.124 is neither
permitted nor denied by best guess record for domain of
elsa.kader@orange.fr) client-ip=195.220.143.124;
Received: by 100.28.92.212 with POP3 id q203mf5855236wmb.3;
        Wed, 11 Oct 2017 07:41:37 -0700 (PDT)
X-Gmail-Fetch-Info: jpdupond@free.fr 2 pop.free.fr 110
jpdupond
Received: from smtp1.univ-tlse.fr ([195.220.243.124]) by mx1-
g20.free.fr (MXproxy) with ESMTPS for jpdupond@gmail.com
(version=TLSv1/SSLv3 cipher=AES256-GCM-SHA384 bits=256); Wed,
11 Oct 2017 16:36:23 +0200 (CEST)
<CAPy7y4_VVd6N3Yufbiq4S8vxNDqp+NqF2ZM7=mheRTf0bZbg2g@mail.gmai
l.com>
Content-Type: text/plain; charset=utf-8; format=flowed
Content-Transfer-Encoding: 8bit
Content-Language: fr
X-Virus-Scanned: ClamAV using ClamSMTP
```

Une description précise indique même les adresses IP des serveurs par lesquels le courriel a transité. Ces adresses peuvent fournir des indices sur la localisation géographique réelle de l'expéditeur.

L'exemple ci-contre concerne une partie du contenu d'un courriel sur lequel on retrouve (en gras) des indications permettant d'identifier des serveurs utilisés, adresses IP et autres environnements en lien avec le courriel.

Ainsi, si vous envoyez un message à votre patron pour lui indiquer que vous être souffrant à votre domicile, sachez que les adresses IP présentes dans l'entête de votre courriel pourraient trahir le fait que vous êtes en voyage à l'autre bout du monde !

Contrôler votre e-réputation

La e-réputation ou réputation numérique est l'opinion que l'on peut se faire d'une personne en consultant le web à partir de recherches simples sur le nom, prénom et quelques indices de base. Il est de plus en plus fréquent que les employeurs fassent des recherches sur le web afin de trouver des informations complémentaires et d'affiner le profil de leurs futurs collaborateurs.

Si publier, réagir, commenter des articles ou autres informations sur le web (blog, réseau social, forum, site personnel, etc.) sont devenus des pratiques banales, bien souvent ces publications ne sont soumises à aucun contrôle et bien trop peu de modération.

Nos informations peuvent ainsi être copiées, republier ailleurs dans d'autres sites sans que nous en soyons informés. Il est bien difficile de préserver la maîtrise d'une information publiée initialement.

Une fois récupérées et republiées, ces informations seront ré-indexées par les moteurs de recherche et pourront être délivrées à nouveau à d'autres internautes dans des situations bien éloignées des conditions d'origines.

Il n'est bien entendu pas possible de surveiller strictement tous vos écrits, réactions sur la toile. Lorsque les manipulations, copies et autres plagiats s'avèrent confirmées, il peut être extrêmement difficile et laborieux d'en obtenir la suppression auprès des organismes et sites hébergeurs.

Soyez donc vigilant ! Certains sites web empêchent l'indexation de leurs pages par les moteurs de recherche dans le but de maîtriser la diffusion des informations qu'ils contiennent. D'autres imposent la modération et la validation des écrits. Ce n'est bien entendu pas le cas des sites de type réseaux sociaux, blogs et autres sites à la mode.

Ne mentionnez vos nom et prénoms que lorsque cela est strictement nécessaire. N'indiquez pas en clair vos coordonnées, adresse mail et surveillez votre e-réputation régulièrement en consultant les services en ligne spécialisés permettant de faire des recherches sur les personnes.

Ces sites recensent les informations du web associées à un nom et un prénom. Consultez pour cela, des sites spécialisés tels que les sites http://webmii.com/ et https://www.osculteo.com.

Le droit à l'oubli

Le droit à l'oubli, issu de travaux et de directives européennes vous permet de mener les actions nécessaires pour contrôler certaines de vos données personnelles sur Internet et d'agir afin d'en demander la suppression et le déréférencement éventuel auprès d'organismes leader comme Google.

Le site http://www.droit-oubli-numerique.org/ permet de détailler à la fois la législation en vigueur et l'ensemble des démarches qu'il est possible d'engager.

Pourquoi il est indispensable de se protéger ?

Qui n'a pas entendu un jour ou l'autre une anecdote du style : *« Je suis catastrophé, mon ordinateur est subitement tombé en panne juste avant que je puisse éditer mon rapport et le remettre pour ma soutenance et je n'ai pas de sauvegarde… »* ou encore, *« Depuis une semaine et après avoir installé un logiciel téléchargé, mon ordinateur a un comportement bizarre. Il est plus lent et s'éteint brusquement sans que je comprenne pourquoi… »*

Arrêtons de penser que cela n'arrive qu'aux autres. Dans notre environnement interconnecté, personne n'est à l'abri d'incidents, de désagréments dans notre quotidien et malheureusement la majorité des personnes ne s'en rendent réellement compte qu'au moment où elles rencontrent les problèmes et lorsque les premiers symptômes de dysfonctionnements surviennent…

Quelques chiffres

Statistiques d'activités sur Internet en 2021

(Source https://www.blogdumoderateur.com/chiffres-Internet-reseaux-sociaux-france-2021/)

Sur les 65,35 millions de Français, on recense :

- **59,47 millions d'internautes**, soit 91 % de la population

- **1,4 million d'internautes de plus** en janvier 2021 (vs janvier 2020),

- **49,6 millions d'utilisateurs actifs des réseaux sociaux,** soit 75,9 % de la population (12,8 %),

- 5,6 millions de nouveaux utilisateurs des réseaux sociaux en France,

- 96,1 % des utilisateurs actifs des réseaux sociaux s'y connectent depuis un mobile,

- **5h37/jour de temps passé en moyenne sur Internet**, 2h17 depuis un mobile,

- **74,4 % des internautes français ont réalisé un achat en ligne** en décembre 2020.

Statistiques des Cyber-attaques

Les chiffres parlent d'eux-mêmes, d'après les sources issues du lien https://cybermap.kaspersky.com/ qui recense en temps réel l'ensemble des cyberattaques toutes les secondes, au niveau mondial :

- + de 3 millions de détection de logiciels malveillants en cours d'accès (ouverture, copie, exécution, etc.) (OAS),

- + de 500.000 détections de logiciels malveillants lors de la navigation sur le web (consultation de pages web, téléchargement de fichiers, etc.) (WAV),

- + de 100.000 détections de logiciels malveillants lors de la réception des mails (MAV),

- + de 300.000 détections d'attaques sur le réseau (IDS)

Statistiques à propos des pertes de données :

(Source http://icbackup.com/statistique.aspx?langage=fr)

- 2000 portables sont volés ou perdus tous les jours.

- + de 50% des pertes de données sont causées par une défaillance matérielle.

- + de 30% des pertes de données sont causées par des erreurs humaines.

- 25% des pertes de données sont causées par des disques défectueux.

- 5% des pertes de données sont causées par des virus

Tous ces chiffres montrent à la fois que si le monde est de plus en plus interconnecté, les flux et la volumétrie d'informations échangées en croissance exponentielle nécessitent de se préoccuper de l'impact direct occasionné par les pertes de données tout autant que face aux menaces aussi en forte croissance.

De quoi doit-on se protéger ?

De la maladresse et/ou la défaillance (humaine et matérielle).

Tout d'abord, la protection passe par une étape de sensibilisation aux causes liées à la maladresse et/ou à la défaillance qu'elle soit humaine ou matérielle.

Personne n'est à l'abri d'une mauvaise manipulation ou d'une défaillance technique pouvant entraîner une perte définitive de données. Des règles simples de bon sens sont à connaître et surtout à appliquer afin d'en limiter la portée.

Par exemple, tout ce qui est transportable est plus sensible aux défaillances que les unités fixes (portables, disques durs, clés USB…) et plus facilement sujet à la casse, aux vols et emprunts. Cette prise de conscience est essentielle afin d'adopter une conduite adaptée en termes de prévention.

Des risques du web et de l'échange d'informations

Les risques existants se classent en 3 catégories distinctes. Une fois la menace identifiée, ce classement permet d'évaluer plus précisément les risques encourus et d'adapter un comportement et des actions en rapport avec la gravité et les impacts susceptibles d'arriver. Ainsi, on distingue :

- **Les désagréments :** Il s'agit de manifestations intrusives souvent envahissantes occasionnant des comportements non désirés mais n'ayant pas d'impact réellement dangereux sur les informations elles-mêmes.

- **Les arnaques :** Il s'agit de tentatives d'usurpation d'identité et canulars destinés à perturber fortement l'environnement voire une organisation ciblée en créant du désordre par exemple.

- **Les attaques :** Ce sont les menaces les plus violentes et en règles générales le fruit de pirates ou hackers ou encore au travers de logiciels malveillants. Elles peuvent nuire gravement à l'intérêt des personnes et des organisations en détournant, en s'appropriant voire même en supprimant des données sensibles.

Les désagréments

Le pourriel ou spam : Il s'agit de mails (courriels) envoyés en masse à des fins publicitaires ou malhonnêtes. C'est ce que l'on qualifie communément de courrier indésirable :

- **L'envoi en masse automatisée** : votre adresse est récupérée à votre insu et est inondée de mails de ce type, on dit aussi **« spammé »**. Exemples de thèmes et sujets relayés régulièrement : jeux en ligne, médicaments, sites de rencontres, etc.

- **L'envoi de publicités par les entreprises** : votre adresse est récupérée avec votre accord (inscription à un site, carte de fidélité d'un magasin, etc.) avec la possibilité de se désabonner. Il s'agit dans ce cas d'envois légaux qu'il est possible (normalement) de contrôler. Il est parfois bien difficile de distinguer les entreprises honnêtes de celles évoquées dans le premier cas.

- **Les fenêtres Pop-Up (ou surgissantes) :** Il s'agit de fenêtres qui s'affichent à votre insu devant la page web consultée sans action de l'utilisateur. On distingue les fenêtres visant une page web particulière et celles provenant **d'un publiciel** (logiciel malveillant installé lors du téléchargement d'un autre logiciel).

Les arnaques

- **Le canular ou hoax :** Ce sont des courriers qui propagent une fausse information (*par exemple : alerte aux virus, chaîne de solidarité, promesse, information, pétition, etc.*). Ils ont tendance à saturer les boîtes de messagerie et le réseau pouvant perturber certaines organisations ou entreprises.

  Ils peuvent être porteurs d'autres éléments malveillants. A force de diffuser de fausses rumeurs, on risque de passer à côté d'une information importante. Si ce courriel semble plausible, il faut s'assurer que ce n'est pas un canular avant de le diffuser. Pour cela, consultez l'un des sites spécialisés qui les recense comme : http://www.hoaxbuster.com/

- **L'escroquerie ou scam :** Elle prend généralement la forme d'un mail envoyé dont l'objectif est d'abuser de la confiance du destinataire pour obtenir de l'argent. Le contenu orienté sous l'angle de la santé, des sentiments et du soi-disant désespoir qui sont bien entendu à destination des personnes fragiles et naïves.

- **L'hameçonnage ou phishing :** Il s'agit de courrier électronique dans lequel l'expéditeur se fait passer pour quelqu'un d'autre afin d'extirper des données confidentielles. Après une communication basée sur la peur, la contrariété, la suite du message a pour objectif de rassurer pour amener le lecteur du mail à cliquer ou à répondre afin de communiquer des données personnelles et sensibles. *Par exemple : L'expéditeur se fait passer pour votre banque prétextant un problème sur vos comptes afin de tenter de récupérer votre code confidentiel.*

- **Le spoofing :**il s'agit également de courrier électronique dont l'expéditeur se fait passer pour une autre personne/organisation (adresse mail) ou d'une autre machine (adresse IP). Ce type de courriel contient des liens vers des exécutables ou des pages contenant des logiciels malveillants.

Les attaques

- **Le virus ou logiciel malveillant :** Il s'agit d'un logiciel conçu pour nuire au fonctionnement du système. Celui-ci se lance à l'exécution du programme dans lequel il est dissimulé. Son impact et ses conséquences sont variables : Cela peut déclencher de simples affichages intempestifs ou peut entraîner dans les cas les plus graves la destruction définitive de données.

- **Le ver :** Il s'agit d'un programme pouvant se reproduire et se déplacer en utilisant les ressources du réseau. Il peut se situer à l'origine soit dans un courriel au travers de pièces jointes ou via une page web au sein de code téléchargé à l'insu de l'internaute. Les effets peuvent être immédiats ou différés dans le temps. L'impact peut être la saturation des ressources disponibles, la destruction des données ou encore un ralentissement significatif lors de navigation sur Internet, conséquence d'une saturation des flux sur le réseau.

- **Le cheval de Troie :** c'est un logiciel apparemment inoffensif au sein duquel a été dissimulé un programme ou du code malveillant. Ce logiciel n'a pas la faculté de se reproduire et s'installe généralement suite à l'ouverture d'un fichier contaminé. De manière détournée et sans que l'utilisateur en soi avertit, il donne accès à l'ordinateur (on évoque le cas d'une porte dérobée ou cachée) ce qui permet la collecte frauduleuse, la falsification ou la destruction des données.

- **Les spywares ou mouchards :** Il s'agit de programmes chargés de recueillir des informations sur l'utilisation d'un ordinateur pour les envoyer à une société dite de profilage. Ils s'installent généralement via :

  - Le courrier électronique au travers des fichiers attachés.

  - Un navigateur Internet par « une faille de sécurité » du navigateur ou les « cookies ».

  - Des « modules annexes » d'applications distribuées gratuitement (plugins).

- **Les ransomwares ou rançongiciels :** Il s'agit de logiciels malveillants qui s'approprient des données personnelles et menacent les utilisateurs soit de les divulguer soit de ne pas les restituer. Pour ce faire, un « rançongiciel » procède par un chiffrage des données personnelles afin que celles-ci ne soient plus exploitables puis exige à leur propriétaire d'envoyer de l'argent en échange de la clé qui permettra de les déchiffrer.

Comment se protéger ?

On ne le dira jamais assez, se protéger c'est avant tout adopter une attitude responsable et adaptée face aux menaces qui nous entourent. Cela passe par l'application et le suivi d'une politique de sauvegarde adaptée au contexte de chacun en sauvegardant régulièrement ses données, en protégeant ses accès (login et mot de passe), en restant vigilant et rigoureux, en évitant de trop s'exposer aux regards indiscrets des autres.

Soyez rigoureux dans le stockage de vos données !

- Sachez faire la différence entre vos données sensibles et fichiers secondaires sans importances. Attachez de l'intérêt au rangement des fichiers, les noms donnés aux fichiers et les dossiers qui doivent être explicites. Ne mélanger pas vos données professionnelles ou scolaires avec vos données personnelles.

- Sauvegardez vos données régulièrement en prenant soin d'en faire des copies et si possible sur des médias distincts.

- Ne laissez pas vos unités de stockage accessibles à tout le monde sans distinction. Limiter le droit d'accès aux fichiers sensibles pour assurer leur **confidentialité** et leur **intégrité.**

- Rangez vos données en faisant régulièrement des tris et le ménage et vérifiez régulièrement l'accessibilité à vos fichiers.

- Pensez à utiliser à bon escient les unités de stockage distantes (Cloud) à des fins de nomadisme, secours (backup).

Contrôler l'accès à son environnement numérique.

On ne le dira jamais assez, la gestion optimale des mots de passe constitue un élément crucial dans les moyens de protection à mettre en œuvre. Utilisez des mots de passe suffisamment robustes, difficile à trouver en respectant les règles suivantes :

- **Prévoyez au moins 8 caractères en utilisant une mixité de caractères usuels**, lettres et chiffres, minuscules et majuscules sans oublier les caractères spéciaux (_-@...). Éviter les caractères accentués sécurisants mais parfois difficiles de saisir sur claviers QWERTY par exemple (cas des cybercafés à l'étranger). Éviter tout lien ou indice permettant de retrouver trop facilement ces mots de passe (nom du chien, nom ou prénom de famille, date de naissance…).

- **Évitez d'utiliser le même mot de passe pour l'ensemble de vos besoins d'identification**. En cas de violation les dégâts collatéraux pourraient être difficiles à récupérer. (Voir le sous chapitre IV.1 « Bien gérer son authentification »).

- **Vérifiez la robustesse de vos mots de passe** en vous connectant sur des sites fiables de vérification. *(https://www.inforisque.info/fiches-pratiques/tester-mot-de-passe.php)*

- **Changez périodiquement de mot de passe** principalement sur les applications ou sites publics que vous visitez souvent.

- Gérez efficacement vos connexions et déconnexions en **évitant d'enregistrer vos mots de passe** lorsque le navigateur ou l'application vous le propose. Pensez à vous déconnecter lorsque vous quittez une application, une session d'ordinateur.

Bien choisir, installer et gérer ses applications

Les applications sont des vecteurs importants de transport et de transferts de programmes malicieux. Il est donc important de veiller à appliquer certaines règles simples telles que :

- **Ne téléchargez que des logiciels vérifiés** non douteux et lisez attentivement si possible la licence d'exploitation avant installation.

- **Suivez attentivement les étapes d'installation** d'un gratuiciel ou un partagiciel afin d'éviter l'installation d'autres logiciels non désirés. Évitez d'installer des options ou produits tiers en cliquant trop vite sur le bouton Suivant.

- **Maintenez les applications à jour** en veillant à installer les mises à jour proposées par l'éditeur au travers de nouvelles versions ou des patchs de sécurité publiés par les éditeurs des logiciels.

- Pensez à **désinstaller les applications non utilisées**, installées auparavant ou accidentellement.

Évitez de laisser des traces non maîtrisées !

Que vous naviguiez sur Internet, éditiez un document sur votre ordinateur, vos actions sont bien souvent tracées et mémorisées sans que vous en soyez toujours conscients, soyez vigilants !

L'historique de l'activité récente.

Avec l'avènement des ordinateurs interconnectés, l'usage des écrans tactiles et tablettes ont conduit les systèmes à gérer plus finement la vie des documents et autres fichiers pour nous proposer des fonctionnalités d'accès direct aux données et fichiers les plus récemment utilisés ou modifiés.

Ainsi de nouvelles fonctionnalités d'historique, de fichiers récents ont vus le jour sur nos ordinateurs. Ces traces en lien direct avec la manipulation des fichiers peuvent donner des indications sur nos usages et donc peuvent faciliter potentiellement le travail d'un hacker mal intentionné surtout sur un ordinateur que l'on partage avec d'autres dans un lieu public.

La mémoire des navigateurs Internet.

Les navigateurs Internet ne sont pas en reste en ce qui concerne les traces et autres historisations. Entre le cache du navigateur, l'historique de recherche, les favoris ou les cookies, les navigateurs enregistrent tous nos faits et gestes !

- Soyez bien conscients de toutes ces informations enregistrées par défaut par le navigateur.

- Les cookies sont en fait des petits fichiers enregistrés parfois à notre
  insu lors de la consultation d'une page web : On trouve des cookies
  d'identification qui mémorise vos identifiants, les cookies de préférence
  qui permettent de mémoriser la langue d'affichage ainsi que les cookies
  sniffeurs permettant de proposer des publicités ciblées.

Il est essentiel de bien connaître les procédures visant à supprimer les traces jugées sensibles ou confidentielles de ces différents vecteurs.

Sous Firefox, l'accès à la gestion des cookies s'effectue via $\boxed{\text{Options/Vie privée,}}$
comme le montre l'illustration ci-contre.

Faites attention aux mails

Les mails nous exposent fortement aux menaces et aux tentatives d'intrusion et
d'infection. Des principes spécifiques s'imposent dans ce domaine :

- Soyez extrêmement vigilant et **n'ouvrez jamais une pièce jointe associée à un courriel si vous n'êtes pas sûr de son origine.**

- Ne cliquez jamais sur un lien situé dans un mail reçu même et surtout
  s'il s'agit de votre banque, d'un service administratif ou autre. Il est fréquent que ces liens incitatifs vous renvoient vers de faux sites utilisés
  pour extirper vos identifiants et autres mots de passe.

- **L'usurpation d'identité est monnaie courante** : Ne croyez pas aveu-
  glément qu'un fichier envoyé par une de vos connaissances provient forcément de lui surtout si le contenu du message est douteux.

- **Ne communiquez votre adresse électronique à personne directement** et évitez de la saisir sur un forum, un blog ou un site web en libre
  accès public. Elle pourrait plus facilement être récupérée par des robots
  à des fins de spams et autres tentatives d'intrusions.

- **Ne répondez jamais à un message non sollicité de type spam**, publicitaire ou autre. Vous ne feriez que confirmer que votre adresse est valide et cela entretiendra encore plus l'envoi massif de spams !

- Attention aux messages visant à relayer des informations à vos proches. **Ne vous laissez pas abuser par des courriels annonçant des désastres,** jouant sur le volet émotionnel pour mieux vous manipuler.

Se protéger, c'est aussi protéger sa machine.

Antivirus installé, actif et bien à jour.

Un fichier infecté contient un code particulier (la signature virale). Un antivirus possède une base de données de signatures virales et scanne les fichiers à la recherche de ces signatures. A la détection d'un fichier infecté, l'antivirus tente de le réparer, le met en quarantaine ou le supprime.

Un antivirus inclus trois fonctionnalités majeures qui doivent être actives :

- Une protection résidente qui analyse tout fichier entrant (notion de bouclier).

- Un scanner qui analyse un support et y recherche les logiciels malveillants.

- Un module de mise à jour des signatures virales, pouvant être lié à un principe d'abonnement payant ou gratuit.

Protéger le réseau local en utilisant un pare-feu.

Un pare-feu agit comme un filtre entre le réseau et l'ordinateur empêchant les intrusions extérieures par le réseau. Il assure la protection des données sensibles (mots de passe, identité, données personnelles, etc.).

Il peut être général au niveau d'une organisation et installé sur une machine (passerelle) dédié ou encore situé localement au niveau de chaque ordinateur.

Dans le schéma de principe ci-dessous, les ordinateurs sont connectés à un réseau local (LAN), lui-même relié à un pare-feu permettant de contrôler les flux entrants et sortants vers l'extérieur et le réseau WAN (Réseau étendu).

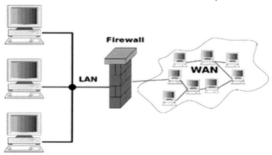

Source : https://fr.wikipedia.org/wiki/Pare-feu_(informatique)

IV.2 Protéger les données personnelles et la vie privée

PROTECTION ET SÉCURITÉ

Protéger les données personnelles et la vie privée

La numérisation touche la majorité de nos informations stockées et publiées qu'elles soient professionnelles ou privées. Il est vital de connaître les règles en matière juridique afin de mieux garantir la protection de l'identité numérique et rappeler les principes servant à réguler l'échange d'informations et l'appropriation de ressources numériques.

Adopter une attitude responsable, c'est donc connaître les règles de bonne pratique en ce qui concerne le numérique afin d'éviter les infractions ou les maladresses et faire éventuellement valoir ses droits.

Il est important d'être attentif à l'usage et à l'exploitation des informations personnelles. Quels sont nos droits en la matière ? Quelles sont les règles à respecter lorsque nous manipulons des informations à caractère personnel et privé ?

Tout ce que nous manipulons aujourd'hui en tant que données est essentiellement numérique sous la forme de fichiers. L'interconnexion et la publication de ces fichiers peuvent être préjudiciables à la vie privée et aux libertés individuelles.

Aujourd'hui on peut publier librement et simplement sur les réseaux sociaux, les blogs et autres forums. Ces informations publiées souvent sans aucun contrôle peuvent contenir des données strictement personnelles.

Si la loi « Informatique et Libertés » du 6 janvier 1978, modifiée par la loi du 6 août 2004, définit les principes à respecter lors de la collecte, du traitement et de la conservation des données personnelles sur le plan national, la mise en place des **RGPD (Règlement Général pour la Protection des Données)** de 2016 permet de définir un cadre au niveau de l'union européenne au sujet de la protection des personnes à l'égard du traitement des données à caractère personnel et des règles relatives à la libre circulation de ces données.

La CNIL (https://www.cnil.fr)

La Commission Nationale de l'Informatique et des Libertés (CNIL) est une autorité administrative indépendante française dont la mission essentielle est de protéger la vie privée et les libertés dans un monde interconnecté.

Elle a été instituée par la loi n° 78-17 du 6 janvier 1978 relative à l'informatique, aux fichiers et aux libertés (dite loi «Informatique et Libertés »).

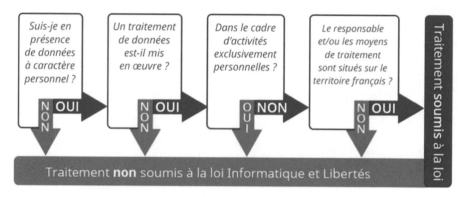

source : https://callalawyer.fr/entreprise/donnees-personnelles/la-cnil/

La CNIL accompagne les professionnels dans leur mise en conformité et aide les particuliers à maîtriser leurs données personnelles et exercer leurs droits. Elle analyse l'impact des innovations technologiques et des usages émergents sur la vie privée et les libertés. Elle travaille en étroite collaboration avec ses homologues européens et internationaux pour élaborer une régulation harmonisée.

Les 4 missions principales de la CNIL

(Extrait de la page https://www.cnil.fr/fr/les-missions-de-la-cnil consultée le 25.07.2021)

Informer / protéger les droits

La CNIL informe les particuliers et les professionnels et répond à leurs demandes. Elle met à leur disposition des outils pratiques et pédagogiques et intervient régulièrement pour animer des actions de formation et de sensibilisation, notamment dans le cadre de l'éducation au numérique. Toute personne peut s'adresser à la CNIL en cas de difficulté dans l'exercice de ses droits. Elle a pour mission de promouvoir l'utilisation des technologies protectrices de la vie privée, notamment les technologies de chiffrement des données.

Accompagner la conformité / conseiller

La régulation des données personnelles passe par différents instruments qui poursuivent tous un objectif de mise en conformité des organismes : Avis sur des projets de loi ou de décret, autorisation pour les traitements les plus sensibles, recommandations fixant une doctrine, cadres juridiques simplifiant les formalités préalables, réponse à des demandes de conseils.

La CNIL propose également une boîte à outils aux organismes qui souhaitent aller plus loin dans leur démarche de conformité. Elle certifie la conformité des processus d'anonymisation des données personnelles dans la perspective de leur mise en ligne et de leur réutilisation.

Anticiper et innover

Dans le cadre de son activité d'innovation et de prospective, la CNIL met en place une veille pour détecter et analyser les technologies ou les nouveaux usages pouvant avoir des impacts importants sur la vie privée. Elle dispose d'un laboratoire lui permettant d'expérimenter des produits ou applications innovants. Elle a pour mission de conduire une réflexion sur les problèmes éthiques et les questions de société soulevées par l'évolution des technologies numériques.

Contrôler et sanctionner

Le contrôle sur place, sur pièces, sur audition ou en ligne permet à la CNIL de vérifier la mise en œuvre concrète de la loi. Un programme des contrôles est élaboré en fonction des thèmes d'actualité, des grandes problématiques identifiées et des plaintes dont la CNIL est saisie.

Collecte et manipulations d'informations personnelles

Qui n'a pas été amené un jour à remplir un formulaire en ligne pour accéder à des services sur le web, créer un compte ou faire une réclamation ? Vous l'aurez sûrement constaté, avant de cliquer sur le bouton de validation du formulaire, nous devons cocher une ligne indiquant que nous déclarons avoir lu et accepté les conditions générales ainsi que la réglementation relative à la protection des données.

De plus, lorsqu'il s'agit d'un formulaire traité sur un site français, celui-ci doit être associé à un texte de la forme :

« Les informations recueillies sont destinées à ... et font l'objet d'un traitement informatique destiné à ... Vous disposez d'un droit d'accès, de modification et de suppression de ces données (art. 40 de la loi "Informatique et Libertés"). Pour l'exercer, adressez-vous à .... »

Il faut savoir que la loi impose un certain nombre d'obligations de la part des personnes en charge et responsables de la collecte des données :

- **Finalité des traitements** : un fichier doit avoir un objectif précis. Les informations ne peuvent pas être réutilisées de manière incompatible avec la finalité pour laquelle elles ont été collectées.

- **Durée de conservation des informations :** les données personnelles ont une date de péremption. Le responsable d'un fichier fixe une durée de conservation raisonnable en fonction de l'objectif du fichier.

En France, tout fichier (sauf exception) susceptible de contenir des données personnelles doit faire l'objet d'une déclaration à la CNIL. Le citoyen a le droit d'accès, de rectification et d'opposition sur les informations de ces fichiers.

La publication d'informations en ligne (web)

Toute personne qui publie des informations en ligne (site web, blog, réseau social, etc.) doit être consciente de ses obligations et de ses responsabilités :

- **Elle doit respecter le droit à l'image des personnes** (exception faite des personnages publics dans l'exercice de leur fonction et des personnes non identifiables de manière formelle. Pour cela elle doit leur demander l'autorisation explicite de publier leur photo.

- **Elle doit veiller aux termes utilisés au niveau des commentaires** en évitant qu'aucun caractères injurieux, diffamatoires, d'incitation à la haine raciale) n'ait été déposé et publié sur le site car sa responsabilité peut être engagée.

- **Elle doit s'assurer que les ressources publiées soient en conformité avec les droits d'exploitation** et que les sites référencés ne soient pas illicites ou illégaux.

- **Elle doit suivre les directives de la CNIL** en ce qui concerne le recueil et la diffusion de données à caractère personnel.

- **Elle doit faire en sorte que la rubrique des mentions légales** permette de contacter facilement l'éditeur afin de demander d'éventuelles corrections ou changements de contenu.

Tout usager engage sa responsabilité pour tout ce qui est publié sur son site ! L'hébergeur n'est pas responsable des contenus de ses serveurs mais doit prendre toutes les mesures nécessaires afin de retirer toute donnée illicite à partir du moment où il en est informé.

Spécificités de la correspondance privée

Le courriel relève du régime du secret de la correspondance privée.

Cf article L 226-15 du Code pénal : le fait d'ouvrir, de supprimer, d'intercepter, de détourner, d'utiliser ou de divulguer des correspondances émises, transmises ou reçues par la voie des télécommunications ou de procéder à l'installation d'appareils conçus pour réaliser de telles interceptions, est répréhensible.

Les courriels envoyés à une liste de diffusion relèvent aussi du secret de la correspondance privée sauf si on ne connaît pas les abonnés de la liste.

Quelques précautions simples à prendre :

- Pour rendre public le contenu d'un courriel, l'autorisation préalable de l'expéditeur est nécessaire.

- Lors d'un transfert d'un courriel à un tiers, on doit s'assurer que l'expéditeur initial n'y verra pas d'inconvénient.

- Quand on répond à un courriel en citant le message initial dans la réponse, il faut être conscient que si on ajoute des destinataires, ceux-ci auront accès aux échanges précédents.

- Lorsqu'on souhaite envoyer un courriel à une liste de personnes dans un cadre public ou élargie, on veillera à ne pas faire apparaître les adresses mails de tout le monde dans le message envoyé. Pour cela, on utilisera l'envoi en copie cachée.

Être responsable face aux réglementations

Régulièrement, nous sommes amenés à collecter des informations, à les intégrer dans des productions numériques et parfois à les publier. Pour cela, nous utilisons des logiciels et des services numériques régis par des droits d'utilisation. Nous devons être conscient des principes des droits d'usage, de propriété et en tenir compte au quotidien.

La protection des œuvres

La propriété intellectuelle correspond aux droits relatifs à toute œuvre résultant d'une création de l'esprit (texte, musique, photographie, schéma, invention, logiciel, ...). On distingue :

- La propriété littéraire et artistique (droit d'auteur, copyright).

- La propriété industrielle (brevet, ...)

Concernant la protection des œuvres, les réglementations et les usages diffèrent d'un pays à l'autre. Le droit d'auteur s'applique à la majorité des pays européens dont la France alors que le Copyright concerne les pays anglo-saxons dont les États-Unis.

Le droit d'auteur : Les œuvres sont protégées du seul fait de leur création (possibilité de déposer l'œuvre auprès d'un huissier de justice pour pouvoir apporter la preuve de paternité en cas de litige). Il se compose du droit moral et des droits patrimoniaux.

- Le **droit moral** reconnaît la paternité de l'œuvre (l'identité de son auteur) et protège son intégrité. Ce droit est perpétuel et incessible.

- **Les droits patrimoniaux** (communément appelés droits d'exploitation) concernent le droit de reproduction (imprimer, copier et numériser) et le droit de représentation (communiquer et diffuser). Ils permettent à l'auteur (ou à ses héritiers) d'être rémunéré pour chaque utilisation de l'œuvre.

Ces droits perdurent 70 ans après la mort de l'auteur au bénéfice des ayants-droit. Ces droits peuvent être cédés à un tiers (un éditeur, par exemple) gratuitement ou avec une contrepartie financière.

Les œuvres du domaine public peuvent être utilisées librement à condition de citer l'auteur (respect du droit moral). Elles concernent :

- Des œuvres dont les droits patrimoniaux ont expiré.

- Des œuvres volontairement placées dans le domaine public par leurs auteurs.

- Des œuvres non originales (lois, textes réglementaires, etc.).

Le Copyright © concerne les pays anglo-saxons et protège les œuvres de l'esprit. Le copyright ne concerne que les droits patrimoniaux. En règle générale, il est détenu par une personne morale (entreprise) et plus rarement physique. Il concerne le contrôle de la reproduction de l'œuvre pendant un laps de temps défini et nécessite un dépôt.

En France, les mentions "Copyright", © ou "Tous droits réservés" n'ont aucune valeur juridique. Elles ont seulement un rôle informatif permettant d'identifier la personne à contacter pour demander l'autorisation d'exploitation.

La convention de Berne pour la protection des œuvres littéraires et artistiques *est un traité pour la protection internationale des œuvres. Elle permet de faire valoir le droit d'auteur à l'étranger. Signée en 2009 par 164 pays, elle est actuellement gérée par l'organisation mondiale de la propriété intellectuelle (OMPI).*

Les licences des ressources

Toute ressource du web est soumise au droit d'auteur. Dans certains cas, une licence y est associée facilitant ainsi son exploitation. Pour réutiliser la ressource, il suffit alors de se référer aux termes de cette licence, sans avoir à demander d'autorisation particulière.

Une licence formalise les conditions d'utilisation et de distribution d'une œuvre. Il existe différentes catégories de licences : **les licences libres** et **les licences propriétaires ou privatives.**

Les licences libres permettent :

- D'utiliser l'œuvre.

- De la redistribuer.

- De la modifier pour créer une œuvre dérivée.

- De redistribuer l'œuvre dérivée.

Dans certains cas, cette licence peut imposer que toute copie ou œuvre dérivée soit diffusée avec la même licence. C'est ce qu'on appelle **le Copyleft,** ou **partage à l'identique des conditions initiales**.

L'avantage du copyleft est que les contributions apportées par les uns et les autres profitent au plus grand nombre d'utilisateurs.

Les licences propriétaires ou privatives sont en opposition aux licences libres. Elles limitent les possibilités d'utilisation de l'œuvre en ne permettant pas généralement d'étudier, de redistribuer des copies ou encore de modifier et redistribuer.

Elles définissent strictement les conditions d'exploitation des ressources.
Quelques exceptions (*article L 122-5 du Code de la Propriété Intellectuelle*) permettent d'utiliser une ressource sans être contraint par les termes du contrat :

- La copie privée et la représentation dans un cercle de famille.

- Les courtes citations.

- L'exploitation à des fins pédagogiques. Il s'agit d'un cadre donné aux étudiants, enseignants et chercheurs qui, dans le cadre de cours, recherches ou thèses procure des possibilités d'exploiter des licences dites propriétaires dans le respect de la loi. Pour plus de détails, voir https://éthiquedroit.hypotheses.org/1485.

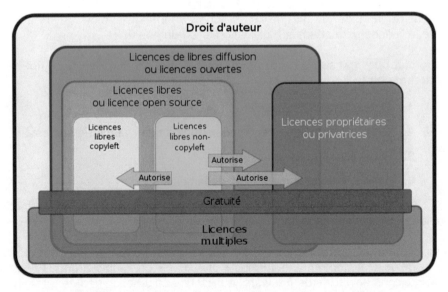

Source https://fr.wikipedia.org/wiki/Licence_propriétaire

Rappel : **Creative Commons** *est une organisation à but non lucratif dont le but est de proposer une solution alternative légale aux personnes souhaitant libérer leurs œuvres des droits de propriété intellectuelle standard de leur pays, jugés trop restrictifs. (Source Wikipédia) Pour plus de détails sur cet organisme, ses missions et son offre, voir le site :* http://creativecommons.fr/

Les licences des logiciels

Lorsqu'un ordinateur accomplit une tâche, il exécute une liste d'instructions élémentaires codées en langage binaire. Ce code exécutable est généré à partir d'un langage intermédiaire appelé langage de programmation qui permet de décrire de manière détaillée les traitements à exécuter : C'est **le code source** ou **programme source** conçu par les développeurs informaticiens.

A partir du code source, le concepteur peut générer automatiquement le programme correspondant en langage binaire qui pourra être exécuté par tout utilisateur sur l'ordinateur : C'est **le code exécutable** ou **programme exécutable.**

Il se décline en fichiers exécutables. Il est impossible de modifier un programme si on ne dispose pas de son code source. Un logiciel est un ensemble de fichiers permettant d'exécuter un programme informatique.

La notion de licence libre, décrite précédemment pour les ressources numériques, est apparue quand des informaticiens ont souhaité mettre à disposition le code source de leurs programmes informatiques afin que le plus grand nombre de personnes puisse les utiliser, les améliorer et les rediffuser.

Il existe deux modes d'acquisition de la licence d'un logiciel : gratuit ou payant. Par abus de langage, on dit que l'on « achète » un logiciel alors qu'en fait, on achète la licence permettant son utilisation telle que prévu.

Un logiciel libre est donc un logiciel pour lequel on dispose de 4 libertés fondamentales :

    1. On est libre de l'utiliser.

    2. On est libre d'étudier son code source et de l'adapter à ses besoins.

    3. On est libre de le redistribuer.

    4. On est libre de le modifier et de le diffuser.

Dans certains cas, le copyleft peut être imposé, cela signifie que le logiciel modifié doit être diffusé en respectant la même licence.

Un logiciel gratuit, gratuiciel, ou encore appelé freeware est un logiciel propriétaire distribué gratuitement. Les termes « gratuiciel » ou « logiciel gratuit », sont des traductions anglaises de freeware, qui est une contraction de free (gratuit) et software (logiciel) — contraction qui prête à confusion en anglais avec free software qui désigne en anglais un logiciel libre.

Donc attention, un logiciel libre n'est pas forcément gratuit ! *(Source Wikipédia).*

Un logiciel freeware peut fonctionner gratuitement pour une durée de temps illimité. L'auteur d'un logiciel freeware pourrait limiter les droits de copie et/ou de distribution de son logiciel.

En tant que logiciel propriétaire le principe de freeware peut être une stratégie de marketing fondée sur des revenus indirects (support, produits liés...) plutôt que sur la vente du logiciel.

Les nombreux avantages du logiciel libre tel que la publication des codes sources permettent aujourd'hui à une large communauté du logiciel libre d'étudier, d'améliorer et de partager ces logiciels en perpétuelle évolution.

Si on considère qu'un logiciel propriétaire est un logiciel non libre, on peut classer les logiciels suivant trois catégories :

- **Le logiciel payant**.

- **Le gratuiciel ou freeware**: logiciel mis gratuitement à disposition.

- **Le partagiciel ou shareware :** Logiciel qui peut être utilisé gratuitement, en version complète ou partielle (version de démonstration), pendant une durée déterminée. Après cette période de gratuité, l'utilisateur doit payer une contribution s'il veut continuer à l'utiliser.

En général, un logiciel propriétaire est diffusé sans son code source et son contrat de licence limite ses droits d'utilisation (nombre limité d'utilisateurs simultanés, reproduction interdite, etc.).

Cas du gratuiciel ou Freeware

- Logiciel mis gratuitement à disposition par son créateur mais soumis à certaines contraintes quant à sa diffusion.

- Logiciels commerciaux bridés en termes de fonctionnalités.

- Code source non disponible.

Exemple : Avast Free antivirus.

Cas du Partagiciel ou Shareware

- Logiciel pouvant être utilisé gratuitement et librement pendant une durée ou un nombre d'utilisations indiqués par l'auteur.

- Objectifs : Tester les fonctionnalités du logiciel et voir si elles correspondent à notre besoin.

- Au bout de la période d'essai, deux possibilités : Paiement d'une contribution (souvent modique) et utilisation ou désinstallation du logiciel.

- Code source non disponible

Par exemple : Photoshop d'Adobe existe en version shareware ou complète.

Plusieurs initiatives et courants de pensées se distinguent dans la grande famille des logiciels libres. On retrouve principalement :

- **Les licences GNU**

  o Licences encadrées par la Free Software Foundation.

  o Effort de protection des 4 principes du libre suivant l'évolution des législations.

- **Les licences Open Source**

  o Licences libres équivalentes aux licences GNU.

  o Proposées par l'Open Source Initiative (OSI) sous label « OSI approved ».

- **Les licences CeCILL** (Licence française du logiciel libre).

  - Ce(A)C(nrs)I(NRIA)L(ogiciel)L(ibre)

Pour utiliser une ressource disponible via Internet, il faut chercher la licence et sa description. Celle-ci indique ce qu'on a le droit de faire (téléchargement, analyse, modification, redistribution).

Si la licence n'est pas explicitement associée à la ressource, il faut respecter le droit d'auteur !

En règle générale, les indications relatives à la licence sont précisées dans la rubrique « A propos de », dans l'aide du logiciel ou sur le site web de l'éditeur.

Le schéma ci-après résume bien ce que représente le logiciel libre.

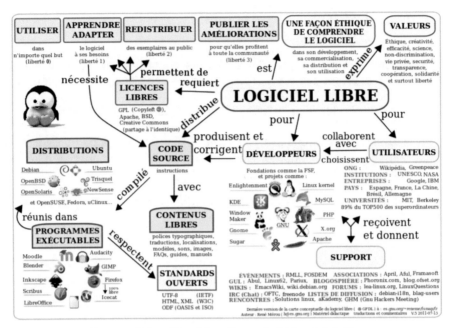

Source :https://fr.wikipedia.org/wiki/Logiciel_libre

Cas particuliers et téléchargements

La copie privée

La copie privée est une exception au droit d'auteur en Europe. Pour toute œuvre acquise légalement, l'exception de copie privée autorise une personne à reproduire une œuvre de l'esprit pour son usage privé.

L'usage privé implique l'utilisation de la ou des copies dans le cercle privé (famille) en contrepartie du droit de copie, une partie du prix d'achat de tous les consommables numériques est reversée aux producteurs de ressources numériques.

Téléchargements

On appelle communément téléchargement, le fait de rapatrier un fichier situé sur un ordinateur distant vers son propre ordinateur via Internet.

Il existe deux méthodes pour mettre à disposition le téléchargement de fichiers :

- Ils peuvent se trouver sur un serveur c'est-à-dire un ordinateur connecté à Internet centralisant les fichiers que les internautes viennent télécharger.

- Ils peuvent se trouver dans un réseau d'échange poste à poste ou P2P (Peer to Peer) : Les fichiers que les internautes téléchargent se trouvent alors répartis sur les ordinateurs des autres internautes.

Le fait de télécharger n'est pas illégal. Ce qui est répréhensible, c'est de télécharger puis d'exploiter des ressources non libres sans l'accord de l'auteur.

Peut-on télécharger des films ou des musiques à partir d'un site web ?

- Il existe de nombreux sites de vente en ligne de musique ou de films qui permettent de télécharger légalement des films moyennant le plus souvent une contribution financière.

- Certains sites proposent de télécharger des musiques gratuitement et libres de droit comme www.jamendo.com/

- Il existe enfin d'autres sites qui proposent de télécharger gratuitement de la musique ou des films. Le téléchargement est illégal si l'on ne respecte pas les recommandations que l'on peut trouver dans leurs conditions d'utilisation :

Peut-on télécharger des films à partir d'un réseau d'échange poste à poste ?

- S'il s'agit de ressources libres (domaine public ou diffusées avec l'accord de l'auteur), il n'y a aucun problème.

- Dans le cas contraire, c'est illégal (loi Hadopi).

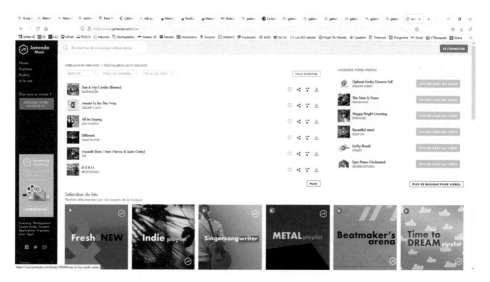

Le site de musiques gratuites et utilisables librement : Jamendo.com

La loi HADOPI : Cette loi de juin 2009 est une loi française qui vise à principale-ment à mettre un terme aux partages de fichiers illégaux sur Internet. Elle pro-pose une réponse graduée en cas de constatation de téléchargements illégaux via un réseau d'échange poste à poste : envoi d'un courriel, puis envoi d'une lettre recommandée et enfin suspension ou résiliation de l'abonnement à Inter-net.

Se conformer au bon usage du numérique

Tout utilisateur face aux principes du numérique doit être sensibilisé aux règles et conventions à appliquer. Il fait la différence entre les conventions dites institu-tionnelles et les règles de bonne pratique comme faciliter l'accès de ses produc-tions numériques.

Vers le web 2.0

Auparavant, le web constitué de pages publiées par des webmasters et consul-tées par les internautes était le principal moyen pour mettre à disposition des in-formations pour le plus grand nombre. Depuis quelques années, l'évolution des technologies permet aux internautes de tout bord d'échanger :
Les internautes réagissent au travers des forums, de sites de microblogage, des blogs, chats, etc. et adhèrent à des réseaux sociaux sur lesquels ils publient li-brement et simplement des informations. C'est ce qu'on appelle le **Web 2.0**.

Au-delà des règles juridiques en vigueur, ces nouveaux mécanismes conduisent à rappeler certaines règles de bon usage à respecter :

- L'usage de ressources numériques en ligne qu'elles quel soient (forum, réseau social) exigent le respect d'une **charte d'utilisation** qui précise ce qu'il est possible de faire et ne pas faire.

- La communication sur Internet (messagerie notamment) nécessite le respect de règles de bonne conduite et de politesse : c'est **la neti-quette.**

- Lors de l'élaboration de documents numériques, il est indispensable de connaître et d'appliquer les règles de base afin de rendre accessibles les documents à tous et notamment aux personnes en situation de han-dicap. Il s'agit **de l'accessibilité** aux informations.

Les chartes

Une charte telle qu'évoquée ici, est un règlement intérieur en lien avec une or-ganisation. Ce n'est pas un texte de loi mais un guide de bon usage.

Son rôle est de rappeler l'existence de la loi et éventuellement l'expliquer en pré-cisant les règles internes spécifiques à l'organisation. Il existe plusieurs types de chartes :

- **Les chartes d'établissement** qui spécifient ce que l'on peut faire (et surtout ne pas faire) lors de l'utilisation des ressources informatiques et des réseaux de l'établissement.

- **Les chartes de service** qui décrivent les règles à respecter pour utiliser un service d'Internet (forum, réseau social). L'usager est implicitement soumis à sa charte d'utilisation (même s'il ne l'a pas signée).

- **Les chartes de confidentialité** qui précisent la façon dont les informations (coordonnées personnelles, correspondances, documents, géolocalisation, etc.) peuvent être utilisées par ce service.

Ces liens et renvois spécifiques aux chartes se trouvent en général accessibles depuis le bas de la page d'accueil des sites.

Depuis ces dernières années, suite à la mise en place des RGPD, les sites ont également fait évoluer leur liens présents en page d'accueil afin de répondre aux exigences en vigueur. Les termes ont donc évolués, on ne retrouve pas forcément en première page, les notions de charte mais plutôt des liens sur la politique relative à la gestion des cookies, des liens sur le traitement des données personnelles, sur les conditions générales d'utilisation ….

La page d'accueil du site http://lesnumeriques.com

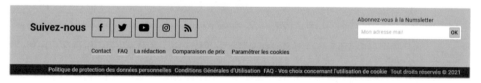

Le bandeau inférieur de la page d'accueil du site de Capgemini.

La Netiquette

Plusieurs fois évoqué dans cet ouvrage, rappelons (encore) que si les services d'Internet reposent sur des outils basés avant tout sur la communication de personnes à personnes, la Netiquette est une charte définissant les règles de bonne conduite et de politesse à respecter adaptée aux services d'Internet.

Voici quelques règles de bonne conduite concernant l'usage du courriel :

- Chaque courriel doit contenir systématiquement un sujet dans l'en-tête qui reflète le contenu du message.

- Si une information est à transmettre à plusieurs personnes qui ne se connaissent pas, il est préférable de placer leurs adresses en copie cachée (Cci ou Bci).

- N'utiliser pas de majuscules dans vos courriels ou pour vous exprimer sur Internet.

Pour plus d'informations, voir : https://fr.wikipedia.org/wiki/N%C3%A9tiquette

L'accessibilité

L'accessibilité numérique est la mise à la disposition de tous les individus des ressources numériques, quels que soient leur matériel ou logiciel, leur infrastructure réseau, leur langue maternelle, leur culture, leur localisation géographique, ou leurs aptitudes physiques ou mentales.

(Source : https://fr.wikipedia.org/wiki/Accessibilit%C3%A9_num%C3%A9rique)

Le W3C a édité sur la question des recommandations et des documents pour traiter ce sujet. Le « Web Content Accessibility Guidelines (WCAG) 2.0 » accessible sur https://www.w3.org/Translations/WCAG20-fr/#perceivable donne une lecture plus détaillée des travaux sur l'accessibilité, ainsi :

4 principes fondamentaux permettent de mieux comprendre cette vaste question de l'accessibilité des contenus web aux personnes en situation d'handicap :

- Perceptible : la présentation / les visuels des interfaces doivent être adaptés.

- Utilisable : les interfaces doivent être pleinement utilisables.

- Compréhensible : les opérations doivent être compréhensibles simplement.

- Robuste : les informations et opérations doivent être fiables et pérennes.

Au-delà de ces principes, ce sont **12 règles** qui permettent de définir les objectifs de base que les auteurs doivent atteindre afin de rendre le contenu plus accessible pour les utilisateurs ayant différents types de limitations fonctionnelles.

Des **critères de succès** testables sont fournis à chaque règle afin de permettre l'utilisation des WCAG 2.0 là où des exigences et des tests de conformité sont nécessaires, notamment pour la spécification de conception, l'achat, la réglementation et les accords contractuels.

Pour chaque règle et chaque critère de succès des WCAG 2.0, le groupe de travail a également documenté une **grande variété de techniques**.

Ces techniques sont informatives et se divisent en deux catégories : Celles qui sont suffisantes pour satisfaire au critère de succès et celles qui sont recommandées.

Certaines techniques recommandées concernent des problèmes d'accessibilité qui ne sont pas traités par les critères de succès testables. Lorsque des échecs fréquents sont identifiés, ils sont aussi documentés.

IV.3 Protéger la santé, le bien-être et l'environnement

Au fait de l'impact environnemental et conscients d'un certain nombre de dangers, nous devons veiller à respecter les recommandations et les principes établis dans notre environnement quotidien.

Cyberharcèlement

Le **cyberharcèlement** est défini comme "un acte agressif, intentionnel perpétré par un individu ou un groupe d'individus au moyen de formes de communication électroniques, de façon répétée à l'encontre d'une victime qui ne peut facilement se défendre seule".

Le cyberharcèlement se pratique via les téléphones portables, messageries instantanées, forums, chats, jeux en ligne, courriers électroniques, réseaux sociaux, site de partage de photographies etc.

Il peut prendre plusieurs formes telles que :

- les intimidations, insultes, moqueries ou menaces en ligne

- la propagation de rumeurs

- le piratage de comptes et l'usurpation d'identité digitale

- la création d'un sujet de discussion, d'un groupe ou d'une page sur un réseau social à l'encontre d'un camarade de classe

- la publication d'une photo ou d'une vidéo de la victime en mauvaise posture

- le sexting (c'est la contraction de "sex" et "texting". On peut le définir comme "Des images produites par les jeunes (17 ans et moins) qui représentent d'autres jeunes et qui pourraient être utilisées dans le cadre de la pornographie infantile"

Pour plus d'informations sur le sujet, consultez le site : https://www.education.-gouv.fr/non-au-harcelement/qu-est-ce-que-le-cyberharcelement-325358   depuis lequel sont extrait ces informations.

Ergonomie du poste de travail

L'ergonomie consiste en une étude scientifique des conditions de travail. En d'autres termes, l'ergonomie signifie l'adaptation des conditions de travail à l'organisation et au contenu de chaque poste, mais aussi aux limites physiques des employés et usagers.

Pour prévenir et limiter les effets sur la santé liés au travail sur écran, il convient d'être vigilant à l'aménagement des postes de travail, au choix du matériel, à l'affichage des informations à l'écran et à l'organisation des tâches de travail.

Aménagement du poste de travail

La posture idéale n'existe pas. En revanche, il existe une posture de moindre inconfort qui permet de limiter les troubles musculo-squelettiques :

- Les pieds reposent à plat sur le sol ou sur un repose-pieds.

- L'angle du coude est droit ou légèrement obtus.

- Les avant-bras sont proches du corps.

- La main est dans le prolongement de l'avant-bras.

- Le dos est droit ou légèrement en arrière, et soutenu par le dossier.

Le site https://www.inrs.fr/risques/travail-ecran/prevention-risques.html dont sont issues ces informations reprends en détails de nombreuses recommandations sur le poste de travail.

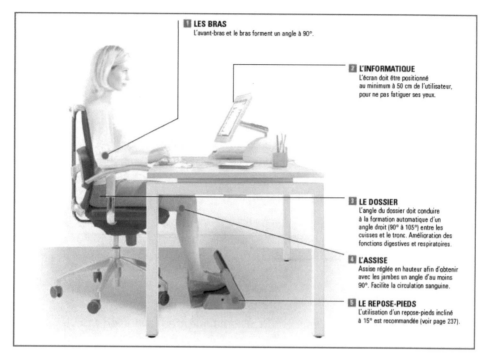

Source : https://pro-du-bureau.fr/position-adopter-a-bureau-conseils-produits-bonne-ergonomie/

Environnement de travail.

L'environnement de travail est au cœur des préoccupations des entreprises en ce qui concerne la santé et le bien être des personnes.Il englobe l'ensemble des éléments susceptibles d'influencer les personnes qui travaillent.

Éclairage

Les éclairages naturels et artificiels doivent être adaptés pour éviter les éblouissements et les reflets sur l'écran.

Le placement des écrans perpendiculairement aux fenêtres permet d'éviter les reflets liés à l'éclairage naturel. Dans certains cas, un éclairage d'appoint peut être nécessaire.

Environnement sonore et thermique

Le bruit est une source de fatigue et de stress reconnue, dans les open-spaces qui équipent bon nombre d'entreprises. Si le silence est de rigueur, des cloisons amovibles permettent d'amortir le bruit.

Même si nos écrans LCD modernes dégagent moins de chaleur que les écrans cathodiques, la ventilation des espaces, la surveillance du taux d'humidité et de la température ambiante adéquate permettent d'améliorer le confort général.

De la flexibilité pour concilier vie privée et vie professionnelle

La flexibilité au travail se traduit par la capacité de l'entreprise à s'adapter dans son organisation et ses moyens pour répondre aux changements de son environnement.

L'émergence des nouvelles technologies, outils et mœurs ont bouleversé le marché du travail. Aujourd'hui, la flexibilité au travail, le télétravail sont synonyme d'aménagement du temps de travail.
Cela pousse les entreprises à repenser les modes de travail dans leur structure.

Lumières bleue et ondes électromagnétiques

La lumière bleue est émise naturellement par le soleil, mais aussi par des lumières artificielles comme les éclairages et les objets comportant des diodes électroluminescentes (LED).

Ces éclairages LED, de plus en plus présents dans notre quotidien contribuent à l'augmentation de notre exposition à la lumière bleue, potentiellement dangereuse pour la santé.

L'agence nationale de sécurité sanitaire de l'alimentation, de l'environnement et du travail (Anses) formule un ensemble de recommandations et informe le public sur les bons comportements à adopter envers les enfants *(limiter la lumière bleue avant le coucher et pendant la nuit par exemple).*

Par exemple , il n'est pas conseillé de consulter d'écrans lumineux dans les deux heures précédant le coucher pour ne pas voir se réduire la production de mélatonine.

Heureusement, il est possible de diminuer la proportion de lumière bleue de votre appareil mobile si vous voulez consulter les news numériques ou le fil d'actualité de Facebook.

De nombreux constructeurs d'ordinateurs portables, de tablettes et de smartphones proposent un mode permettant d'abaisser la part de lumière bleue générée par l'écran et ceci automatiquement à partir d'une certaine heure.

L'Anses intervient également sur l'impact des ondes électromagnétiques et les effets sanitaires liés aux ondes émises par les téléphones mobiles lorsqu'ils sont utilisés près du corps.

Le site de l'Anses en référence ci-dessous reprends tous ces thèmes :
https://solidarites-sante.gouv.fr/sante-et-environnement/activites-humaines/exposition-aux-ondes/

Les bonnes pratiques pour limiter son impact numérique

L'informatique consomme une quantité gargantuesque de ressources, de la production à la destruction en passant par l'utilisation du quotidien.

Pour vous donner un ordre d'idée, effectuer une recherche sur Google ou envoyer un mail avec un petit fichier en pièce-jointe consomme environ l'équivalent d'allumer une grosse lampe de bureau collectif (LED 25 watts, 2000 lumens) pendant 1 heure. Ou d'oublier d'éteindre l'ampoule de votre salle de bain (LED 3W, 400 lumens) pendant les 8 heures durant lesquelles vous êtes au bureau.

Pourquoi internet consomme-t-il autant ?

L'Internet consomme, parce que tous ces flux immatériels sont supportés par des kilomètres de câbles, pour transiter dans des data-centers gigantesques contenant d'énormes machines pour héberger, rediriger et traiter les données, machines si énormes qu'il faut d'ailleurs les entourer d'encore plus grosses machines juste pour les refroidir et éviter qu'elles ne surchauffent.

Stocker des fichiers, les envoyer, accéder rapidement à des pages web, toutes ces actions presque instantanées et abstraites pour l'utilisateur nécessitent, sous le capot, des infrastructures de plus en plus grandes qui consomment de plus en plus.

Green IT : les bons gestes pour la planète

Qu'il s'agisse de notre **utilisation des nouvelles technologies** ou des matériaux nécessaires pour fabriquer les équipements, notre **impact sur l'environnement** est conséquent. Néanmoins, il existe des **bonnes pratiques** qui nous permettent de réduire significativement notre incidence sur ce qui nous entoure.

Le **Green-IT**, également appelé **green computing**, informatique écologique, est un concept qui vise à réduire l'empreinte écologique, économique et sociale que peuvent avoir les technologies de l'information et de la communication (TIC) sur la planète.

Plus généralement, il s'agit de contrôler les nuisances que peuvent provoquer les équipements informatiques et leur utilisation massive.
(source : https://www.ma-vie-administrative.fr/)

Outre certaines bonnes pratique comme le recyclage d'équipement ou l'achat de produits responsables, la maîtrise drastique des consommables telles que la consommation d'encre et de papier des imprimantes et surtout la bonne gestion des énergies constituent aujourd'hui des pratiques dont sont sensibles bon nombre d'entreprises.

Enfin, rappelons également les campagnes de sensibilisation visant à mieux gérer nos boites mails qui finissent par constituer des volumes conséquents, consommateurs de beaucoup d'énergie dans les centre de données (data centers).

V. ENVIRONNEMENT NUMÉRIQUE

Travailler dans un environnement numérique évolutif c'est avant tout en appréhender le vocabulaire, les notions essentielles afin de mieux en comprendre les contours. La technologie évolue grandement facilitant la mise en œuvre des modes interconnectés, favorisant la navigation et les échanges. Nos supports et médias aussi évoluent que ce soient nos ordinateurs, nos smartphones qui s'adaptent à nos besoins de nomadisme et sont toujours plus performants.

V.1 Résoudre des problèmes techniques

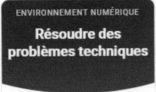

De nos jours, lors de nos innombrables manipulations d'informations numériques, nous sommes régulièrement confrontés à des comportements inadaptés parfois bloquants qui, si nous ne faisons pas preuve de discernement peuvent entraîner des situations de blocage graves.

Nous rencontrons régulièrement au quotidien des petits problèmes techniques qui nous irritent. Une impression qui n'aboutit pas, l'impossibilité de se connecter à un réseau, l'apparition d'un message d'alerte virale, sont autant de situations auxquelles nous pouvons être confrontés et pour lesquelles la bonne méthode et les bonnes interprétations peuvent vous sortir d'un mauvais pas !

Une démarche méthodologique

En tout premier lieu, en cas de problème, nous devons agir avec méthode et réflexion. Nous pouvons résumer la démarche en 5 phases distinctes qui vont s'appliquer globalement dans la majorité des problèmes rencontrés :

1. **Observer.**

2. **Cadrer.**

3. **Analyser.**

4. **Résoudre.**

5. **Agir.**

Bien entendu, lorsqu'un problème survient, nous ne sommes pas préparé à cette éventualité qui arrive toujours au mauvais moment lorsque notre temps est compté…

C'est principalement pour cette raison, animée par la contrariété, le stress qu'il est bon d'insister sur la démarche à appliquer.

Phase 1 : Observer ce qui se passe

Avant toute chose, il est impératif de bien lire les messages, être attentif au comportement de l'ordinateur. On doit observer avant tout les symptômes sous la forme des différents messages éventuels, du comportement des éléments physiques, bruits, mise sous tension …

Les messages ou indications peuvent être de natures bien diverses.
On peut distinguer par exemple :

Des messages d'erreurs possibles :

- Un message indiquant que votre connexion Internet ne fonctionne pas.
- Que le mot de passe saisi n'est pas le bon.
- Ou encore qu'aucune application ne permette d'ouvrir le fichier …

Des messages d'avertissements sur des actions non souhaitées :

- Etes-vous sûr de vouloir supprimer tout le dossier ?
- Ce message n'a pas d'objet, souhaitez-vous quand même l'envoyer ?
- Une mise à jour de Windows est en cours, merci de ne pas arrêter l'ordinateur.

Des dysfonctionnements sans message d'explication :

- Une demande d'impression qui ne sort pas…
- Une copie de fichier trop longue.
- L'ordinateur qui devient anormalement lent…

Phase 2 : Cadrer : définir le problème

Vous devez dans un second temps tenter de comprendre la situation afin de définir le type de problème rencontré.

Par exemple : j'ai un message d'erreur de connexion Internet

- Quel est le type de connexion habituellement utilisé ?
- Où puis-je trouver ces informations ?

Cette phase est une phase dite de transition qui rapidement doit vous permettre d'enchaîner sur la phase 3.

Phase 3 Analyser le problème

L'objectif de cette phase est de déterminer les causes de l'anomalie constatée. On ne doit pas rester sur les symptômes mais déterminer les vraies causes du problème.

Exemple : j'ai un message de connexion Internet qui ne fonctionne pas

Habituellement, je me sers du wifi.

- Je vérifie si le wifi est bien activé sur mon ordinateur.

- Ne suis-je pas hors de portée de la borne wifi la plus proche ?

- Si ok, je vérifie si mes identifiants sont toujours valides.

- Je ne reçois rien, le wifi du secteur est hors d'usage.

Attention, parfois, une cause peut en cacher une autre et on peut rapidement se trouver en situation bloquée. Afin de bien comprendre le problème rencontré, il peut être aussi judicieux de mener quelques investigations complémentaires au-delà de la situation personnelle dans l'environnement de travail proche :

- N'y a-t-il que moi qui rencontre ce souci de connexion au réseau Wifi ?

- Je vérifie qu'éventuellement mon problème est propre à mon contexte personnel en m'assurant que les personnes de mon environnement n'ont pas le même problème.

- Je me fais éventuellement aider par mon entourage

- Je consulte l'aide en ligne ou je contacte l'assistance en ligne (help desk) en étant le plus précis sur la description de la situation.

Certains problèmes difficiles à résoudre peuvent subvenir de manière intempestive et aléatoirement. Essayez dans ce cas de reproduire le problème, faites des recopies d'écran lorsque c'est possible, éventuellement prenez des photos avec son mobile.

Phase 4 chercher la(les) solution(s)

Après analyse, je prends l'initiative de certaines solutions avec des conséquences limitées et maîtrisées.

Par exemple, le réseau wifi ne fonctionne pas, je cherche une connexion filaire dans la salle pour me connecter.

L'impression ne fonctionne pas, je cherche une autre imprimante disponible pour tenter une nouvelle impression.

Phase 5 Agir

Cherchez une solution ne suffit pas. Vous devez tenter de vous assurer que le problème est solutionné de manière définitive.

Cela s'applique plus généralement aux messages rencontrés sur votre ordinateur qui montre des signes d'instabilité comme des temps de réponse anormalement longs, un disque dur saturé, un fonctionnement lent.

Dans ce contexte des investigations plus approfondies seront nécessaires dès que cela sera possible. Il convient de ne pas négliger cette étape qui risquerait fortement de déclencher une situation encore inconfortable et de nouveaux problèmes à régler.

Les aides en ligne et l'assistance.

Bien entendu, tous les problèmes rencontrés ne peuvent pas se résoudre simplement en appliquant la démarche décrite.

Parfois des investigations plus longues et plus lourdes sur Internet et les bases de connaissances seront indispensables.

Attention dans ce cas de se référer à des sites sérieux dont les informations peuvent être jugées fiables.

De même dans toute organisation bien structurée, il existe un service à même de vous porter assistance. Il faut prendre le réflexe de les solliciter par les canaux habituels.

Appliquez les mises à jour préconisées

Régulièrement afin de corriger des bugs récurrents ou des failles de sécurité les éditeurs de logiciels communiquent sur la mise à disposition de mise à jour à télécharger et à installer. Ces opérations sont recommandées car elles permettent de garder vos ordinateurs portables à jour et évitent des comportements non souhaités.

Interopérabilité

De nombreux problèmes techniques sont de natures logicielles et bien souvent en lien avec des soucis d'interopérabilité et des soucis de format de fichiers impossible à exploiter.

Je vous renvoie donc sur le chapitre « Tenir compte des enjeux de l'interopérabilité » ainsi que le chapitre sur « Le format de données » de cet ouvrage qui vous éclairera de manière détaillée sur les bons formats de fichiers à utiliser et ceux à éviter.

V.2 Construire un environnement numérique

Appréhender et maîtriser le monde numérique nécessite de s'attarder quelques instants sur ce qui constitue l'environnement numérique à notre disposition. Nous allons tenter de bien comprendre de quoi est constitué un environnement numérique actuel autant sur sa partie matérielle (Hardware) que logicielle (Software).

Organiser un espace de travail complexe

L'utilisateur d'aujourd'hui est de plus en plus nomade et interconnecté, son espace de travail actuel étant étroitement lié à l'environnement et aux tendances actuelles qui sont en constante évolution. Comment doit-on organiser cet espace afin d'être efficace et pouvoir réussir à exploiter au mieux les informations et données au quotidien ? Pour mieux comprendre comment s'adapter à cet espace de travail complexe, reprenons les grands principes qui constituent le fondement de nos systèmes d'informations.

Si le poste local de travail connecté se décline d'abord depuis la configuration matérielle, la connectique puis sur la partie inhérente aux logiciels et applications, il est important également de souligner l'importance et la dimension des éléments réseaux qui contribuent à décrire de manière plus complète les contours de notre environnement de travail que nous utilisons quotidiennement.

L'environnement de travail

Le développement et l'évolution des technologies de l'information et de la communication (TIC) ont entraînés une mutation dans les configurations matérielles désormais quasi systématiquement connectées.

Ceci permet de faciliter les usages nomades comparativement aux pratiques antérieures plus sédentaires sur postes fixes par exemple : Le nomadisme, la délocalisation en ce qui concerne les ressources, ses biens et services (applications) sont nés de ce constat et sont bien entendu au centre de l'apprentissage de Pix.

L'environnement de travail d'un utilisateur peut se décliner ainsi :

- **Le poste de travail avec son Unité Centrale (UC)**, ses périphériques : écran, souris, clavier, imprimante, connectique, etc. Il s'agit de l'ensemble du matériel **(hardware)**.

- **Les logiciels ou applications (software),** installées localement et accessibles depuis le poste de travail *(services distants en ligne par exemple)*.

- **Les espaces complémentaires de stockage :** locaux ou distants.

Le poste de travail

On entend par poste de travail **l'ordinateur fixe de bureau,** le plus souvent connecté sur Internet à domicile ou sur le réseau en entreprise et/ou **l'ordinateur portable** à usage plutôt mobile dont la taille et les performances peuvent être variables (modèles transportables, portables, ultraportables, etc.).

En forte croissance, les tablettes et smartphones restent plutôt adaptés à la consultation et à la lecture d'informations en mode connecté qu'à la production et la manipulation de données numériques même si des machines hybrides (portables transformables en tablettes) tentent de s'imposer sur un marché extrêmement dynamique et innovant.

Que le modèle soit fixe ou portable, les caractéristiques essentielles de l'UC sont sensiblement identiques même si le taux de miniaturisation est bien entendu plus important sur les machines portables.

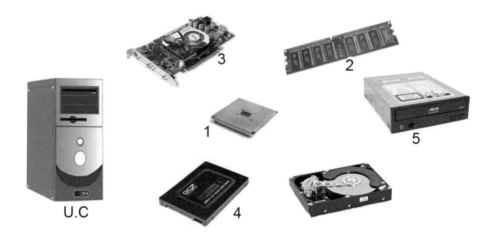

U.C

1 **Le processeur**, assimilable au cœur de l'ordinateur, s'occupe des traitements internes et de l'exécution des applications. Il se caractérise principalement par **la technologie employée, la fréquence de traitement et sa mémoire cache interne**.

2 **La mémoire vive** disponible (**RAM**), exprimée en Giga Octets (Go), est la mémoire qui permet le bon déroulement des programmes et autres applications. Elle est dite volatile, son contenu n'étant pas sauvegardé lorsque l'unité centrale est éteinte. Sa taille influence directement les performances de l'ordinateur.

3   **La carte graphique** est un composant essentiel de l'unité centrale. Elle est chargée de convertir les données numériques à afficher sur l'écran. Elle peut être soit intégrée directement à la carte mère ou bien être présente sous la forme d'une carte additionnelle indépendante.

4   **L'espace de stockage local (mémoire auxiliaire) :** On considère ici uniquement les unités intégrées au sein de l'UC qui permettent de stocker de manière permanente les informations et applications exploitées sur le poste. Il s'agit des disques durs classiques, des disques SSD (technologie mémoire flash). Les unités de disques amovibles tels que les DVDs, lecteurs CDs **(5)** en voie de disparition sont proposées optionnellement par raccordements externes de type USB sur les configurations récentes.

Les périphériques

Par définition, un périphérique est un composant ou matériel informatique assurant les communications entre l'unité centrale et le monde extérieur.

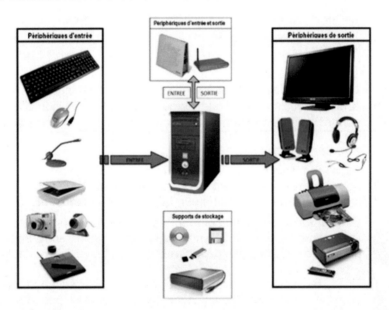

Nous distinguons :

■   **Les périphériques d'entrée** qui assurent la transmission des informations vers l'unité centrale (clavier, la souris, la webcam, le scanner…).

■   **Les périphériques de sortie** qui servent à relayer les informations depuis l'unité centrale (l'écran, l'imprimante, les enceintes audio…).

■   **Les périphériques d'entrée/sortie** qui permettent des échanges bidirectionnels (l'écran tactile, l'imprimante scanneur, les clés USB…)

La connectique

Les unités centrales sont équipées de ports (connecteurs) garantissant une large compatibilité en termes de connectivité.

Les connexions filaires

 Les ports USB (Universal Serial Bus) permettent de connecter « à chaud » des périphériques tels que : clés USB, disques durs, claviers, caméras, etc. Leurs versions (d'abord USB1) ont évolué vers USB2 puis USB3 plus rapides équipant les machines récentes.

 Le port Ethernet (RJ45) facilement identifiable permet la connexion filaire de l'ordinateur à un réseau câblé.

 Le port VGA (Video Graphics Array) permet de connecter l'unité centrale de l'ordinateur à un écran en mode analogique. Il s'agit d'un ancien format de connexion voué à disparaître prochainement.

 Le port HDMI (High Definition Multimedia Interface) permet de connecter l'ordinateur à un écran dans un mode numérique haute définition.

 Le port DisplayPort est également permet de connecter l'ordinateur à un écran dans un mode numérique haute définition. Ce type de connexion a tendance à se développer sur les ordinateurs actuels.

Les connexions sans fil

 Le Wi-Fi : Technologie de réseau local sans fil à haut débit. Ce type de connexion largement répandu est principalement utilisé pour connecter sans fil un ordinateur, tablette, smartphone, etc. à Internet.

 Le Bluetooth : Technologie radio courte distance principalement utilisée afin d'assurer la communication sans câbles entre appareils situés à proximité les uns des autres (clavier, téléphone portable, etc.)

 NFC : technologie très courte portée et haute fréquence utilisant le principe de la radio-identification (RFID). Utilisée pour des usages d'identification rapprochée (cartes bancaires, passeport, livres …)

La séquence de démarrage

La séquence de démarrage s'exécute à la mise en route classique de l'ordinateur. Elle s'effectue lors d'un démarrage à froid, c'est-à-dire lors de la procédure habituelle de démarrage à la mise sous tension de l'ordinateur ou bien lors d'un redémarrage à chaud lors d'une séquence dite de reboot.

1. Au démarrage, l'exécution du **BIOS** (Basic Input Output System) installé sur la mémoire interne de type ROM (Read Only Memory) amorce le démarrage sous le contrôle des différents organes de l'unité centrale de l'ordinateur.

2. Le système d'exploitation (OS)prend ensuite le relais : Il s'agit d'un ensemble de programmes qui s'exécute et permet d'assurer la liaison entre les ressources matérielles, l'utilisateur et les applications. Les principales familles de systèmes d'exploitation présents dans la majorité des ordinateurs et qui se déclinent en de multiples versions sans cesses en cours d'évolutions sont :

Windows de Microsoft est installé majoritairement sur tous les ordinateurs personnels (excepté ceux de la marque Apple).

Linux, distribué selon les règles du logiciel libre. Il en existe différentes distributions (Ubuntu, Mandriva, Debian, Red hat, etc.).

Mac OS concerne les ordinateurs de la marque Apple.

Android : système d'exploitation de Google utilisé sur Smartphone, tablettes et ordinateurs portables

3. Enfin, la phase éventuelle d'authentification permet à l'utilisateur de disposer d'un contexte de travail personnalisé (la session). L'accès aux applications et aux programmes installés sur la machine sont alors possibles.

Logiciels et applications

Nous avons l'habitude d'appeler communément les applications, les produits logiciels (progiciels) destinés aux utilisateurs. Chaque application est constituée d'un ensemble de fichiers installés généralement sur le disque dur local de l'unité centrale via le système d'exploitation.

Les applications peuvent être de nature extrêmement diverses, regroupées parfois suivant des suites logicielles ou encore dédiées pour effectuer des traitements particuliers (traitement d'images, graphiques, applications comptables, etc.).

L'installation des applications

Pour être utilisable et donc accessible sur son poste de travail, une application doit au préalable être installée sur l'ordinateur.

L'installation d'une application est possible dans la mesure où l'utilisateur est habilité à installer des applications sur l'ordinateur. On parle pour cela de disposer de droits d'administrateur sur l'ordinateur concerné.

L'installation peut s'effectuer soit :

- A partir d'un support d'installation (CD, clé USB) au travers d'un programme assistant d'installation (Wizard).

- A partir d'un téléchargement sur Internet : En général, un fichier global compressé est téléchargé puis exécuté.

A la fin de l'installation, un message informe l'utilisateur de la bonne réalisation de l'installation puis lors de la première utilisation de l'application, des questions sont éventuellement posées à l'utilisateur afin de finaliser et personnaliser l'installation (identité de l'usager, langue par défaut, etc.).

Une fois l'application installée, il est recommandé de supprimer le fichier exécutable d'installation téléchargé.

Lors de l'installation de certains logiciels spécifiques ou propriétaires, une clé de licence ou clé d'enregistrement est parfois demandée (suite de chiffres et de caractères). En règle générale, celle-ci est fournie lors de l'acquisition du logiciel.

Le cas de l'installation d'un périphérique

L'ajout d'un nouveau périphérique nécessite en général l'installation d'un **pilote informatique ou driver.**
Il s'agit d'un programme spécifique qui permet au système d'exploitation de gérer le périphérique. Celui-ci peut être fourni sur un CD d'installation livré avec le périphérique, être téléchargé automatiquement sur Internet sur le site du fabricant ou est déjà pré-installé dans la configuration par défaut de l'ordinateur.

Mises à jour et gestion des applications

En règle générale, la mise à jour des applications est gérée de manière transparente. Si l'ordinateur est connecté à Internet, la mise à jour des applications installées est indiquée dès qu'une nouvelle version est disponible. Cette mise à jour peut également parfois être totalement automatique.

Les mises à jour des applications répondent à des besoins distincts :

- **Corrections de failles de sécurité.**

- **Corrections de bugs**

- **Nouvelles fonctionnalités** ou améliorations.

Lorsqu'on souhaite ne plus utiliser une application, il est préférable de la supprimer. Pour cela, il est recommandé de suivre la procédure de désinstallation conventionnelle soit via le dossier global de l'application et l'icône dédiée ou via le gestionnaire de programme et la section relative à la gestion des applications.

Seule cette démarche garantie de désinstaller proprement l'application et tous les fichiers associés (menu, raccourci, mention dans la base de registres, etc).

En effet, il ne faut surtout pas supprimer directement le dossier de l'application au risque de provoquer des comportements inattendus du système.

Note : L'icône qui figure parfois sur le bureau pour lancer l'application n'est qu'un raccourci vers le logiciel, le supprimer ne désinstalle en rien le logiciel concerné.

Les applications indispensables

Sur un poste de travail standard, certaines applications sont indispensables et fortement conseillées :

- **Une suite bureautique** : particulièrement adaptée aux activités de bureau tels que traitement de texte, tableur, logiciel de présentation, gestionnaire de bases de données, logiciel de dessin, etc. La suite bureautique propose une interface utilisateur homogène et standardisée facilitant le travail et le passage d'une application à l'autre. *Exemples : LibreOffice (logiciel libre et gratuit), Microsoft Office (logiciel propriétaire et payant).*

- **Un navigateur Web** : Installé le plus souvent de manière native sur les postes de travail, le navigateur (browser en anglais) est devenu un outil incontournable dans nos activités quotidiennes nécessitant l'accès aux ressources du web. *Exemples : Mozilla Firefox, Google Chrome (logiciels libres et gratuits), Internet Explorer (logiciel propriétaire).*

- **Un client de messagerie** : Même si la consultation des mails s'opère majoritairement aujourd'hui à partir du web (webmail), le client de messagerie est encore présent sur nos postes dans l'environnement professionnel. *Exemples : Mozilla Thunderbird (logiciel libre et gratuit) ou Microsoft Outlook (logiciel propriétaire).*

- **Un logiciel de traitement d'image** : Compte tenu du volume important de photos et d'images numériques que nous manipulons, le logiciel de traitement d'image a toute sa place et permet à la fois d'éditer une image, de changer son format, son taux de compression, souvent très simplement en quelques clics. *Exemples : Gimp (logiciel libre et gratuit), Photoshop (logiciel propriétaire).*

- **Un lecteur PDF :** Si le format de fichier PDF ((Portable Document Format) est autant répandu actuellement, c'est à la fois par la fiabilité de son rendu que l'accessibilité grâce au logiciel de lecture PDF disponible sur nos postes de travail. On peut ainsi très facilement visualiser et imprimer un fichier au format PDF *Exemple : Adobe Reader (logiciel propriétaire et gratuit).*

- **Un antivirus :** Outil indispensable, l'antivirus permet de protéger les ordinateurs des risques liés aux virus, logiciels malveillants et autres tentatives d'intrusion. *Exemples : Avast! (gratuit pour une utilisation basique et non commerciale), McAfee (logiciel propriétaire).*

- **Un logiciel de compression :** Installé de manière native ou complémentaire, il permet de gérer les fichiers en les archivant avec ou sans compression. *Exemples : 7-Zip (logiciel libre et gratuit), WinZip.*

Réseau & connexion

Par définition un réseau informatique est un ensemble d'équipements connectés permettant d'échanger des informations.

On distingue :

- Le **réseau local (LAN : Local Access Network)** qui correspond à un réseau informatique limité à une zone restreinte telle qu'une pièce, le domicile ou un bâtiment. Il est souvent composé de plusieurs ordinateurs ou périphériques reliés entre eux.

- Le **réseau étendu (WAN : Wide Access Network)** qui correspond à un réseau informatique couvrant une grande zone géographique allant d'une configuration concernant plusieurs bâtiments distants à un pays voire plusieurs pays.

Le cas d'Internet

Internet est l'exemple type d'un vaste réseau informatique mondial extrêmement développé. Il résulte de l'interconnexion d'une multitude de réseaux informatiques à travers la planète. La communication sur Internet est possible en utilisant un protocole commun qui permet l'acheminement des données.

Schématiquement, chaque ordinateur connecté à Internet est identifié par **une adresse IP (Internet Protocol)** unique composée de 4 séries de chiffres (Octets) séparés de points (ex : 215.214.111.140). Chaque valeur étant représentée par un octet ne peut donc dépasser la valeur décimale de 255.

Pour accéder au réseau Internet, on doit faire appel aux services d'un fournisseur d'accès à Internet (FAI) qui sous la forme d'abonnements propose la mise à disposition d'adresses IP qui peuvent être temporaires ou fixes.

Lorsque vous êtes connectés à Internet à partir d'une machine se trouvant sur le réseau de l'université ou sur un réseau domestique ou public, vous utilisez sans le savoir, une adresse IP externe commune pour l'accès à Internet. Vous êtes alors identifié par une adresse IP locale indépendante et attribuée par le serveur mandataire ou proxy du réseau local qui gère ce service.

Pour pouvoir communiquer entre eux, les différents éléments du réseau utilisent des protocoles de communication pour se comprendre, partager et échanger des informations par rapport à des services spécifiques.

A un premier niveau, le **protocole TCP/IP (Transmission Control Protocol / Internet Protocol)** assure le transport des données d'un ordinateur à l'autre sur Internet. Ce protocole permet de véhiculer par paquets les informations sur le réseau entre machines identifiées de manière uniques (**adresses IP**).

Au-delà de ce protocole essentiel sans lequel aucun échange sur Internet ne serait possible, d'autres **protocoles d'applications** déterminent la manière avec laquelle sont exploités les données reçues en fonction des services requis.

Les principaux protocoles d'applications à savoir dans le cadre de Pix sont :

- **HTTP (HyperText Transfer Protocol)** : Protocole de transfert hyper-texte pour la navigation sur le web (**HTTPS** est le protocole du même type, utilisé pour les échanges sécurisés comme les échanges bancaires).

- **FTP (File Transfer Protocol):** Protocole dédié aux transferts de fichiers (**FTPS** est également un protocole du même type, utilisé pour les transferts sécurisés).

- **SMTP (Simple Mail Transfer Protocol):** Protocole assurant le transfert du courrier électronique vers les serveurs de messagerie.

- **POP3 (Post Office Protocol version 3)** : Protocole de récupération du courrier électronique d'un serveur de messagerie.

- **IMAP (Internet Message Access Protocol)** : Protocole permettant de consulter son courrier électronique sur un serveur de messagerie.

L'utilisation et la mise en œuvre de ces protocoles est implicite et le plus souvent transparente pour l'utilisateur en fonction des services utilisés sur Internet. *(Par exemple la consultation web, le service de messagerie, etc.).*

La connexion au réseau

Différentes possibilités permettent d'établir une connexion au réseau :

- **La connexion filaire s'effectue** au travers du port Ethernet (RJ45). Cette liaison permet de disposer de débits importants et constants (>1Go/s).

- **La connexion sans fil** basée sur la technologie Wi-Fi. L'ordinateur doit disposer d'un moyen de connectivité Wi-Fi (soit au travers d'une carte intégrée ou d'un dongle / antenne externe relié le plus souvent via une connexion USB). Le débit est alors dépendant de la proximité d'une borne Wi-Fi et de ses performances. En règle générale, la qualité se dégrade fortement au-delà de 50 m de distance.

- **La connexion par réseau téléphonique mobile** (par clé 3G+, 4G, 5G...). Ce type de connexion en plein essor est basé sur l'usage d'un équipement (téléphone mobile, tablette...) incluant une carte SIM connectée au réseau de téléphonie mobile et d'un abonnement correspondant.

Particularités de la connexion en Wi-Fi

Une connexion Wi-Fi permet l'accès à deux types de réseaux distincts :

- **Les réseaux sécurisés** pour lesquels une authentification par mot de passe le plus souvent de type clé WEP ou WPA est nécessaire. Ce type de connexion est ainsi autorisé de manière contrôlée. C'est le cas des connexions domestiques ou à usages restreints.

- **Les réseaux non sécurisés** qui ne nécessitent habituellement aucun mot de passe. Dans ce contexte et le plus souvent lors de la connexion, on est redirigé vers une page d'identification et/ou d'informations précisant l'usage autorisé et ses limites. C'est le cas par exemple des bornes Wi-Fi dans les lieux publics, depuis son hôtel, l'aéroport.

De manière générale lors de la connexion avec une borne Wi-Fi, le service d'attribution d'adresse IP au travers du protocole **DHCP (Dynamic Host Configuration Protocol)** est sollicité permettant d'assurer la connexion.

L'environnement de travail distant

L'environnement de travail distant est défini comme l'ensemble des services délocalisés accessibles via le réseau. Historiquement on parle de **« relation Client-Serveur »** entre une machine locale appelée « Client » qui accède à des services sur des serveurs et ressources distantes nommées « Serveurs ».

Grace à l'émergence d'Internet et des réseaux, l'interconnexion est devenue simple et naturelle facilitant l'accès aux services depuis n'importe quels postes de travail connectés.
Les avantages sont multiples en termes de mise à disposition des applications et des services mais aussi en termes de sauvegarde et surtout d'accessibilité.

Notez que la terminologie relative à l'informatique en nuage (**Cloud computing**) est née de cette forte tendance qui s'est accélérée ces dernières années.

Le Cloud computing correspond à l'accès à des services informatiques (serveurs, stockage, mise en réseau, logiciels en ligne, etc.) via Internet à partir d'un fournisseur d'accès.

Si différents services y sont proposés, ils sont aujourd'hui largement implantés au sein des entreprises sous des formes variées.

Les environnements dédiés à l'activité professionnelle

- **L'environnement ou Espace Numérique de Travail (ENT)** : Omniprésent dans le domaine scolaire et accessible au travers d'un portail web, les utilisateurs identifiés accèdent aux ressources et services numériques en rapport avec l'activité ou le cursus suivi. Même si L'ENT est largement répandu de nos jours, il n'offre cependant encore qu'un nombre limité de services en regard d'autres plateformes collaboratives.

- **Les plateformes de travail collaboratif** : En constante évolution, de nombreux éditeurs proposent des plateformes ou sites web permettant de travailler à plusieurs et à distance. *Par exemple Wimi, Accolab.*

- **Les plateformes d'enseignement à distance ou e-learning** : Également en forte croissance, il s'agit de sites adaptés pour l'apprentissage à distance. Elles permettent de suivre des cours en ligne en mettant à disposition des outils de communication entre les différents acteurs.

Les autres environnements généraux et publics

- **Les services de collaboration en ligne.** *Par exemple Google Drive.*

- **Des espaces de stockage privés et/ou partagés.** *Par exemple Onedrive.*

- **Les Réseaux Sociaux** qui permettent d'échanger simplement. Les RSE (Réseaux Sociaux d'Entreprise) commencent à émerger au sein des organisations mais ont encore du mal à s'imposer dans le monde professionnel (réticences, culture…).

- **Les sites collaboratifs ou de partage divers :** forums, sites de partage de photos, encyclopédies collaboratives… évoluent grandement en convergence vers les actuels réseaux sociaux en offrant des services de communication et de partage.

- Au sein des entreprises, on évoque le terme **d'Intranet** qui correspond aux services du web utilisant les protocoles et techniques d'Internet pour les usages internes à l'entreprise (courriels, sites web internes). Bien souvent les différents services intranet sont accessibles via un site portail d'entreprise.

L'Interopérabilité consiste pour différents systèmes de communiquer entre eux sans dépendre d'un acteur particulier ou technologie particulière en s'appuyant sur un **standard ouvert.**

Au-delà des normes et standards à connaître, ce sont bien avant tout les formats de données qu'il faut savoir identifier et distinguer suivant les 3 catégories **(ouvert, fermé** et **propriétaire).** Dans le cadre de Pix, les formats les plus courants doivent être connus et les différents tableaux récapitulatifs appris.

Gérer la pérennité de ses données consiste à s'assurer que nous maîtrisons la chaîne complète de sauvegarde des données, le suivi de leurs mises à jour, leurs sauvegardes, archives et restaurations éventuelles.

C'est donc chacune de ces étapes qui doivent être connues, expliquées si nécessaires au travers du bon usage d'outils et de fonctionnalités telles que **la gestion de versions, la compression et l'archivage** de données.

Enfin, savoir dérouler **une politique claire de sauvegarde** en se posant et en répondant aux bonnes questions permet d'en démontrer tout le bien fondé de la compréhension.

Tenir compte des enjeux de l'interopérabilité

Derrière le terme interopérabilité se cache l'échange d'informations, de documents numériques au travers de supports, formats ou des machines d'environnements parfois bien différents. Quels sont les standards les plus pertinents qui rendent les échanges et le partage d'informations numériques plus efficace entre interlocuteurs ?

L'interopérabilité

Nous le constatons tous les jours, nos environnements de travail sont parfois hétérogènes au niveau des systèmes d'exploitation : postes sous Windows, Android, Linux ou Mac OS. Nous utilisons également des applications pas forcément identiques pour manipuler et gérer nos informations et enfin, les fichiers que nous échangeons sont parfois de types et formats différents.

Et pourtant, nous communiquons ensemble, partageons et échangeons des informations en les manipulant sans se soucier de notion de compatibilité et ceci grâce à **l'interopérabilité.**

Pour mieux comprendre ce qu'est et représente l'interopérabilité, il faut en détailler les déclinaisons et les 3 degrés d'opérabilité *(Source : groupe de travail interopérabilité de l'AFUL):*

- **La compatibilité** concerne la possibilité pour deux systèmes de types différents de communiquer ensemble.

- **Le standard de fait :** provient d'une situation préalable lorsqu'un acteur devient au bout d'un certain temps dominant dans un domaine, les autres acteurs font en sorte d'être compatibles avec lui. Ainsi, les communications peuvent s'établir plus facilement pour l'ensemble des systèmes concernés. Il en découle parfois une domination de l'acteur initial agissant et contrôlant son standard imposé tirant ainsi profit de cette position au détriment des autres acteurs (Exemple: Microsoft avec Internet Explorer puis MS Office…).

- **L'interopérabilité :** tire son avantage par rapport au standard de fait en offrant la possibilité pour différents systèmes de communiquer entre eux sans dépendre exclusivement d'un acteur particulier. Elle repose sur la présence d'un **standard ouvert.**

Les normes et les standards

Une norme est un référentiel publié par un organisme officiel de normalisation. C'est le résultat d'un consensus élaboré par un processus dit de normalisation. Les principaux organismes de normalisation sont :

- **ISO :** Organisation internationale de normalisation.

- **IEEE** : Institute of Electrical and Electronics Engineers.

- **AFNOR** : Association Française de Normalisation.

Quelques exemples connus de normes appliquées à l'informatique :

- ASCII (ISO 641) : codage des caractères.

- OpenDocument (ISO 26300) : format de la suite bureautique LibreOffice.

- WIFI : Technologie déposée de réseau informatique sans fil basée sur la norme IEEE 802.11.

- Office Open XML (ISO/CEI 29500): format de la suite bureautique Microsoft depuis 2007, en réponse à l'interopérabilité.

Un standard est un référentiel ou un ensemble de recommandations développé et préconisé par un groupe représentatif d'utilisateurs.

On trouve par exemple le **W3C (World Wide Web Consortium**) : http://www.w3.org ou encore le **MPEG (Moving Picture Experts Group)**

Quelques exemples de standards largement utilisés et adoptés :

- Le langage HTML : Standard du W3C.

- Le MP3 : Standard MPEG dans un premier temps avant de devenir une norme ISO.

Les formats de données

Le format d'un fichier décrit la façon dont l'information est codée, stockée pour être lue et réutilisée. Il est dit :

- **Ouvert** quand le référentiel est diffusé librement. Ce type de standard favorise l'interopérabilité. (Exemple : formats de LibreOffice).

- **Fermé** quand le référentiel est partiellement ou pas du tout publié. *(Exemple : formats de données Microsoft Office).*

- **Propriétaire** quand il est élaboré par une entreprise, dans un but commercial. Un format propriétaire peut être ouvert s'il est publié (comme le format PDF d'Adobe), ou fermé (format ".doc" de Microsoft).

Pour changer le format d'un fichier, il convient d'ouvrir le fichier avec l'application appropriée, faire menu Enregistrer sous en donnant un autre nom et surtout en sélectionnant un autre format dans la rubrique « Type : ».

Comme le montre l'illustration ci-dessous, suivant le type de fichier d'origine, une liste plus ou moins fournie est proposée lors de la sauvegarde.

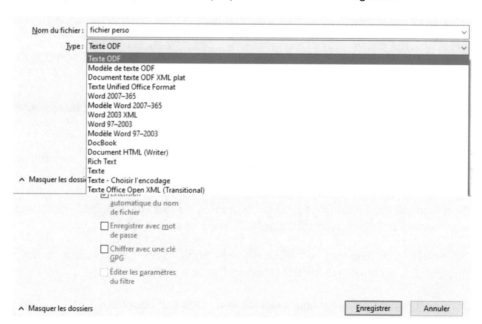

Attention à ne pas confondre le format du fichier et son extension qui permet au système de préciser au système d'exploitation l'application ouvrant par défaut le fichier.

Formats de fichiers concernant les documents.

Types de documents	Formats	Particularités et remarques
Texte Brut	ASCII (**.txt**)	Texte basique.
Texte Enrichi	OpenDocument Text (**.odt**)	Format ouvert exploité dans les suites bureautiques libres. (ex: LibreOffice).
	Rich Text Format (**.rtf**)	Format binaire et ouvert de Microsoft développé essentiellement pour des raisons d'interopérabilité.
	Microsoft Word (**.doc**)	Format fermé et propriétaire de Microsoft. Devenu un standard du fait du succès de la suite bureautique de Microsoft Office jusqu'en 2007.
	Microsoft Word (**.docx**)	Format proposé par Microsoft depuis 2007 pour concurrencer l'interopérabilité proposée par ODF. Les versions de Microsoft Word antérieures à 2007 ne peuvent pas lire ce format (problème de rétrocompatibilité) mais des outils de conversion existent.

Formats de fichiers concernant les tableurs et présentations.

Types de documents	Formats	Particularités et remarques
Tableur : Feuille unique	Comma-Separated Values (**.csv**)	Format ouvert représentant des données tabulaires sous forme de valeurs séparées par des virgules.
Tableur : Classeurs	OpenDocument Spreadsheet (**.ods**)	Format ouvert utilisé dans les suites bureautiques libres. (Ex: LibreOffice).
	Microsoft Excel (**.xls**)	Format fermé, propriétaire, binaire de Microsoft. Standard de fait relatif au succès de la suite Microsoft Office.
	Microsoft Excel (**.xlsx**)	Format ouvert de Microsoft depuis 2007 pour concurrencer l'interopérabilité proposée par ODF. Ce format n'intègre pas les macros pour des raisons de sécurité.
Présentation	OpenDocument présentation (**.odp**)	Format ouvert utilisé dans les suites bureautiques libres. Il s'agit du format présentation de la norme ODF.
	Microsoft PowerPoint (**.ppt**)	Format fermé, propriétaire, de Microsoft. Standard de fait relatif au succès dans l'usage de la suite Microsoft Office.
	Microsoft PowerPoint (**.pptx**)	Format ouvert de Microsoft, sorti en 2007 pour concurrencer l'interopérabilité proposée par ODF.

Formats de fichiers concernant le web et l'archivage.

Types de document	Particularités et remarques
Pages web HTML (**.html**)	Format ouvert de données conçu pour représenter les pages web évolutions successives jusqu'en 2000 (V4) puis à partir de 2007 avec le V5 (HTML 5)
Pages web XHTML (**.xhtml**)	Considéré initialement comme le successeur de HTML, il est basé sur la syntaxe définie par XML. Sa version 2 (XHTML 2) est progressivement abandonnée (voir les évolutions et préconisations édictées par le W3C).
Feuille de style en cascade **.css**	Format ouvert d'un langage informatique qui décrit le format et la présentation des documents pour le web (HTML et XML).
Portable Document Format (**.pdf**)	Format ouvert développé par la société Adobe Systems, devenu une norme ISO en 2008. Ce format garantit la mise en forme finale en préservant les styles, polices de caractères, …
.zip	Format ouvert de compression de données.
.rar	Format propriétaire de compression de données.
.tar	Format ouvert d'archivage non compressé.
.7z	Format ouvert de compression de données.
.cab	Format de compression de données de Microsoft utilisé notamment lors d'installation de logiciels.

Formats de fichiers concernant les images.

Types de documents	Formats	Particularités et remarques
Images Vectorielle	Scalable Vector Graphics (**.svg**)	Format ouvert de description d'images vectorielles, il est basé sur XML.
	Open Document Graphics (**.odg**)	Format ouvert utilisé dans les suites bureautiques libres (Ex : LibreOffice). Il s'agit du format dessin de la norme ODF.
	Windows Metafile (**.wmf**) Enhanced Metafile (**.emf**)	Formats de Microsoft supportant le dessin vectoriel et l'inclusion d'images matricielles. De moins en moins utilisé.
Images Matricielle	Bitmap (**.bmp**)	Format ouvert, généralement sans compression, format volumineux peu utilisé.
	Joint Photographic Expert Group (**.jpg, .jpeg**)	Basé sur la norme JPEG (ISO/CEI 10918-1 UIT-T Recommandation T.81), format d'images compressées avec ou sans perte de données.
	Portable Network Graphics (**.png**)	Format ouvert sans perte spécialement adapté pour publier des images simples comprenant des aplats de couleurs.
	Graphics Interchange Format . (**Gif**)	Format propriétaire tombé dans le domaine public et donc utilisable. Plus limité que le PNG à 256 couleurs max.

Formats de fichiers concernant l'audio et la vidéo

Types de documents	Formats	Particularités et remarques
Son	Waveform Audio Vector **.wav**	Format conteneur ouvert de Microsoft et IBM, normalement sans compression.
	Audio Interchange Format (**.aif**)	Format non compressé d'Apple proche du format Wav de Microsoft.
	Ogg Vorbis (**.ogg**)	Format conteneur ouvert, multiples possibilités de compression audio, adapté au streaming.
	Windows Media Audio (**wma**)	Format propriétaire de Microsoft, possibilité de protéger l'encodage des données contre le piratage.
	Advanced Audio Coding (**aac**)	Format audio compressé avec perte de données exploité notamment par Apple.
	MP3 (**.mp3**)	Format compressé avec perte de données. Depuis 2017, ce format est considéré comme libre de droits.
Vidéo	Audio Video Interleave (**.avi**)	Format de fichier conteneur permettant la lecture simultanée de vidéo et d'audio (films) suivant différents codecs.
	Moving Pictures Expert Group (**.mpeg**, **.mpg**)	Format adapté à la diffusion vidéo et audio. La norme la plus récente MPEG-A est en cours de standardisation.
	.mov	Format propriétaire d'Apple utilisé par QuickTime, adapté à un usage streaming.
	Flash Video (**.flv**) de Adobe	Format conteneur de diffusion vidéo via le lecteur Adobe Flash Player. (En voie de disparation, remplacé par le format mp4)

Pérenniser ses données

Garantir la bonne conservation et donc assurer la réutilisation de documents numériques constitue un véritable enjeu dans nos environnements ou tout est de plus en plus souvent numérisé.

Il est important d'évoquer l'état de l'art dans ce domaine fortement évolutif et de définir une véritable stratégie de sauvegarde et contrôle de sauvegarde pour garantir la préservation des données sur le long terme.

Enregistrer et sauvegarder les données

Lorsque nous manipulons des données sur son poste de travail à travers diverses applications, ces données sont chargées en mémoire centrale (mémoire vive) de l'ordinateur.

Cette mémoire dynamique est extrêmement rapide. Elle permet un usage sans latence vis-à-vis de l'utilisateur. Par contre, elle est dite volatile et donc en cas de perte d'alimentation (coupure secteur, extinction de l'ordinateur), les données sont perdues et non préservées.

Pour sauvegarder et préserver les données dans leur état réel et dernières mises à jour, il est donc nécessaire d'utiliser un moyen dit de mémoire de stockage ou de masse (disque dur, clé USB ...) afin de sauvegarder les données sous forme de fichiers sur un support dit non volatile et dans lequel les données seront préservées même après une coupure ou une perte d'alimentation électrique.

Pour cela les technologies employées à base de disques et supports électromagnétiques et mémoire flash répondent à ces critères mêmes si les temps de réponses en termes d'opérations de lecture écritures restent encore inférieurs à la technologie sur laquelle repose la mémoire RAM.

Bien qu'aujourd'hui, de plus en plus d'applications et logiciels disposent de mécanismes de sauvegardes automatiques en cas de défaillance, il est capital de s'assurer que les données de travail soient sauvegardées régulièrement pour pallier tout incident lors de travaux sur ordinateurs.

Gestion des versions d'un fichier

Lorsqu'on travaille de manière intensive, parfois à plusieurs sur des documents ou fichiers importants, fruits de recherches, travaux de fond, mémoires, présentations, etc., il est parfois nécessaire de préserver l'historique des modifications. En effet, il peut être nécessaire de pouvoir revenir à une version antérieure ou de consulter l'état du document à une date précise.

Pour gérer ce qu'on appelle **le versionning,** plusieurs solutions et mécanismes existent :

Nommage de fichiers

Il est possible de gérer manuellement le *« versionning »* en enregistrant les versions successives dans des fichiers différents et en respectant une convention de nommage claire et appropriée.

Par exemple, la convention de nommage de fichiers peut exiger de respecter un ordre (sujet, date, auteur, etc.) ou d'ajouter systématiquement la date dans le nom (format : année/mois/jour pour des facilités de tri et recherche) ou alors en rajoutant les initiales du dernier contributeur dans le nom du fichier ou encore en rajoutant un numéro de version à implémenter.

(Exemple : NoteService_20160928_GB_V1)

Application dédiée

Il existe également des applications dédiées au versionning qui se charge de nommer, ranger et classer les versions de fichiers suivant des fonctionnalités très détaillées.

Ces logiciels permettent de gérer des versions globales de packages de fichiers et sont essentiellement utilisées dans la cadre de développements d'applications (ClearCase, GitHub..)

Fonctionnalités intégrées de versionning

Certains logiciels proposent une gestion de versions intégrée. Ainsi, les différentes versions sont conservées dans un même fichier.

Il est alors aisé de basculer d'une version à l'autre, de comparer deux versions distinctes ou encore de fusionner deux versions.

Cette fonctionnalité disponible au sein de la suite LibreOffice est accessible depuis le menu Fichier/Versions.

Compression des données

Tous les fichiers ne sont pas identiques en termes de taille et volume occupé sur un disque ou sur une clé USB. Certains fichiers composés essentiellement de données média (images, présentation, etc.) peuvent être très volumineux.

Cela implique des contraintes en termes de stockage et également des contraintes lors de manipulation de ces fichiers en termes d'échange via la messagerie ou lors de publication sur Internet (performances réduites et temps de réponses importants).

Il est donc essentiel de bien connaître les outils et les principes permettant d'optimiser la taille des fichiers en utilisant des outils et les mécanismes de compression à notre disposition.

Le principe de la compression de fichier consiste à encoder le fichier afin d'en réduire la taille occupée physiquement sur le support en modifiant son format initial et en appliquant un mécanisme interne sur les données binaires.

On distingue ainsi deux types de compression :

Compression sans perte

Les données sont représentées de façon plus concises, sans perte d'information. L'algorithme de compression recherche les éléments répétitifs d'un fichier et les remplace par un code plus court.

Ce mécanisme qui modifie la nature du fichier provoque la création d'un nouveau fichier non exploitable et non utilisable directement depuis l'application d'origine habituelle.

Pour pouvoir utiliser le fichier compressé, celui-ci devra être au préalable décompressé afin de retrouver son format initial. En fonction de la taille et la constitution du fichier, l'opération de compression peut varier.

La compression sans perte (en lien avec l'archivage) qui sera abordé ultérieurement est proposé et accessible de différentes manières :

- Certains systèmes d'exploitation proposent des outils permettant d'effectuer des opérations de compression / décompression (Windows...).

- Des outils logiciels spécifiques existent également sur de multiples plateformes (Peazip, Winzip ou Winrar)

Compression avec perte

Il s'agit ici de diminuer la taille du fichier sans en modifier son type mais en autorisant de légères pertes de qualité. Cela concerne essentiellement les fichiers de données déjà compressés (jpg, mp3, avi). Les informations perdues (non récupérables après décompression) sont variables suivant l'algorithme de compression qui détermine la qualité de restitution du fichier.

Cette technique est principalement utilisée dans la manipulation de données multimédias lors d'échanges , notamment sur le web.

Les logiciels de traitement d'images proposent d'optimiser les taux de compression et d'adopter les meilleurs compromis entre compression et qualité des rendus.

Quelque-soit le mécanisme et le type de compression, **Le taux de compression** correspond au pourcentage de place gagnée par rapport à la taille occupée par le fichier initial.

Archivage des données

En complément des opérations de compression de fichiers sans perte de donnés qui concerne distinctement chacun des fichiers, la notion d'archivage vient compléter cette démarche répondant à la problématique de regrouper plusieurs fichiers optimisés afin d'en simplifier l'organisation et en faciliter les sauvegardes (en regroupant par exemple toutes les activités du mois dans une archive).

L'archivage consiste à regrouper dans un seul fichier une arborescence de dossiers et de fichiers. L'archivage peut être accompagné d'une compression éventuelle.

Enfin, l'archive possède une extension spécifique bien identifiable :

- **.tar** (non compressé)

- .zip, .rar, .7z (avec compression)

Notez les principaux logiciels d'archivage payants disponibles (StuffIt, Winzip, WinRAR, ..) mais aussi les logiciels gratuits comme : Peazip, IZArc, 7-ZIP, etc.

Sauvegarde des données

Si nous avons évoqué précédemment les différents types de risques en lien avec la perte de données, nous nous attachons ici à la démarche qui consiste à se prémunir d'un maximum d'éventualité et d'imprévus dans ce domaine.

La **démarche de sauvegarde** ou aussi appelée **politique de sauvegarde** consiste à dupliquer et mettre en sécurité les données de son environnement numérique.

Dans ce contexte, une sauvegarde permet de « restaurer » les données en cas d'incident. Il est fortement recommandé de tester régulièrement sa (ses) sauvegarde(s) avant toute constatation d'incident.

4 questions essentielles permettent d'initialiser une politique de sauvegarde :

Que dois-je sauvegarder ?
La structure et le volume des fichiers doit permettre de déterminer sur quels fichiers doit s'appliquer l'opération de sauvegarde : Tout ou seulement certains fichiers, uniquement les plus sensibles, ...

Quand sauvegarder ?
La fréquence dépend principalement de la nature de l'activité ainsi que de la criticité des données face au risque de perte de données : Régulièrement, périodiquement (tous les jours, une fois par semaine, ...) ou ponctuellement chaque fois qu'un fichier important est modifié par exemple.

N'oubliez pas le cas particulier qui concerne les sauvegardes à effectuer avant l'installation d'un nouveau logiciel ou avant une intervention technique.

Où sauvegarder ?
De manière analogue au dicton qui recommande de ne pas mettre tous ses œufs dans le même panier, il est important de diversifier si possible les médias de sauvegardes et privilégier des lieux de stockages distincts.

Ainsi les supports amovibles : clés USB, cartes mémoire, disques durs externes, DVD, etc. ainsi que les supports distants : disques réseau partagés, serveurs de fichiers, constituent une bonne base de supports rarement en défaut tous ensemble.

Il est important de prendre en compte impérativement le volume de données à sauvegarder (place nécessaire, rapidité) ainsi que la facilité de sauvegarde et de restauration.

D'autres critères tels que le coût, la longévité du support peuvent être également à prendre en compte.

Comment sauvegarder ?

Plusieurs méthodes sont envisageables en fonction du contexte :

- De la simple copie sur supports différents même si cela peut s'avérer plus délicat à gérer.

- Il est possible d'utiliser un logiciel de « **backup** » dont les fonctions principales permettent de planifier les opérations de sauvegarde qui se déclencheront automatiquement. Il est également possible de paramétrer les répertoires et fichiers concernés afin d'optimiser le processus.

- D'autres techniques sont mises en œuvre principalement dans les entre-prises telles que le «**mirroring**» qui consiste à copier les données en temps réels simultanément sur plusieurs disques.

  L'intérêt principal de cette technologie est de garantir une plus grande tolérance aux pannes en assurant une haute disponibilité des données.

Attention à l'obsolescence !

Les formats des fichiers évoluent et peuvent devenir obsolètes, il est impératif d'anticiper pour se prémunir de problèmes éventuels. Par exemple, des formats de fichiers changent comme le format «.doc» aujourd'hui «.docx».

Bien que les anciens formats restent lisibles, on doit se poser la question à long terme sur la capacité de pouvoir exploiter de tels fichiers.

Afin de pallier de telles éventualités, pensez à convertir vos anciens fichiers dans des formats actuels ou des formats considérés plus stables et donc pé-rennes (pdf).

Par ailleurs, l'évolution des supports s'est également considérablement transfor-mée ces dernières années :

- Années 80 : la disquette 3 pouces ½ (9cm) - capacité 1,44 Mo

- Années 90 : le CD enregistrable (12 cm)- capacité 700 Mo

- Années 2000 : la clé USB - capacité 2 Go à 64 Go – DVD 4,7 Go

- Années 2020 : clé USB de 128-256 Go – disques SSD etc.

Les pionniers de l'histoire de l'informatique

En cette fin d'ouvrage, n'oublions pas de se rappeler que les grandes évolutions de l'informatique ont été possible grâce à l'imagination et les travaux de pion-niers qui ont marqués leur passage. Pour n'en citer que quelques uns :

Alan Turing définit un modèle abstrait de fonctionnement d'un ordinateur (1936), **John Von NEUMANN**, définit l'architecture de l'ordinateur (1945).Ada Lovelace réalise le premier programme (1815-1852). **Dennis RITCHIE et Ken-neth THOMPSON** développent UNIX (1969). **Tim Berners-Lee**, invente le Worl Wide Web (1989).

Puis plus récemment : Jimmy Jimbo Wales crée Wikipédia (2001) et **Mark Zu-ckerberg**, fonde FaceBook (2004)

La liste plus complète des pionniers de l'informatique est ici : https://fr.wikipedia.org/wiki/Liste_d'nformaticiens_et_précurseurs_de_l'informa-tique

VI. ÉVALUER SES ACQUIS

Au-delà de la partie pleinement théorique et même si celle-ci invite naturellement à la pratique pour la majorité des thèmes explorés, une première évaluation s'impose dans la cadre de la valorisation des acquis tel qu'attendu dans le cadre de Pix.

Au total, plus de 200 questions de type QCM abordant la majorité des sujets organisés par domaines et compétences vous permettent de dérouler des séquences d'entraînement qu'il est fortement recommandé de balayer plusieurs fois.

Dans un second temps, l'entraînement et le maintien des acquis seront assurés sur la plateforme de Pix au travers des évaluations par compétence qui reprennent en partie ce type de questions avant d'aborder des problématiques et des questions plus élaborées

Une synthèse des réponses valides est disponible en fin de ce chapitre

Important : De manière quasi identique aux principes des QCM d'examens, au moins une bonne réponse est attendue, parfois plusieurs. Ne validez que les réponses pour lesquelles vous êtes certains de la réponse.

Une mauvaise réponse partielle pouvant entraîner l'annulation de la question malgré de bonnes réponses cochées. Soyez rigoureux et bon entraînement !

Quiz : Domaine Informations et donnée

Q11.01 : **Quelle est la définition exacte d'un chemin d'accès absolu ?**
- A   C'est un chemin d'accès décrit à partir de la racine du support.
- B   C'est un chemin d'accès qui concerne uniquement un dossier.
- C   C'est un chemin d'accès depuis un support amovible.
- D   C'est un chemin d'accès vers un dossier non modifiable.

Q11.02 : **Un fichier peut être "caché", qu'est-ce que cela implique ?**
- A   Le fichier n'apparaît pas dans la liste des fichiers.
- B   L'ouverture du fichier requiert un mot de passe.
- C   Le fichier est localisé dans le cache du navigateur.
- D   Le fichier est compressé.

Q11.03 : **Que peut-on faire pour ne plus modifier un document final ?**
- A   Le compresser.
- B   Le mettre en lecture seule.
- C   Changer son extension.
- D   Fixer sa taille.

Q11.04 : **Combien de photos de 1 Mo peut-on mettre sur une clé de 8 Go ?**
- A   8 000.
- B   1 000 000.
- C   8.
- D   800.

Q11.05 : **Qui parcours et indexe les ressources du web d'un moteur de recherche ?**
- A   Des bibliothécaires.
- B   Des experts.
- C   Des logiciels robots.
- D   Des internautes.

Q11.06 : **Quelle est la requête permettant de remonter des résultats de recherche les plus précis à propos de tpunch antillais ?**
- A   +tpunch+antillais.
- B   "tpunch antillais".
- C   "tpunch"+"antillais".
- D   tpunch antillais.

Q11.07 : **Quels champs trouve-t-on forcément dans un catalogue de bibliothèque ?**
- A   Auteur.
- B   Fiabilité.
- C   Année de publication.
- D   Popularité.
- E   Mots-clé ou Sujet.

Q11.08 : **Qu'appelle-t-on « portail documentaire » ?**
- A   Un lecteur de cartes facilitant la gestion des prêts d'ouvrages.
- B   Un site web offrant un ensemble de services de documentation.
- C   Un moteur de recherche généraliste du web.
- D   Un système d'alarme détectant les ouvrages démagnétisés.

Q11.09 : Une page web n'est pas indexée par un moteur de recherche, pourquoi ?
A   L'accès à la page requiert une authentification.
B   La page contient des URL conduisant à des pages web inexistantes.
C   L'administrateur du site web a interdit l'accès de la page aux robots.
D   La page contient des images.
E   La page web est dynamique, générée via des requêtes utilisateurs.

Q11.10 : Qu'est-ce que le web invisible ?
A   Les métadonnées des pages web qui affinent leur indexation.
B   Les pages web non indexées par les moteurs de recherche.
C   Les pages personnelles et les blogs du web.
D   Les pages web placées dans le cache des moteurs de recherche.

Q12.01 : Lesquelles de ses sources peuvent diffuser des informations inexactes ?
A   Un dictionnaire en ligne comme Le Robert.
B   Une encyclopédie collaborative comme Wikipédia.
C   Un forum d'entraide public modéré comme celui de *commentcamarche*.
D   Un portail de documentation académique INIST.
E   Un blog d'un chercheur connu.

Q12.02 : De quoi résultent les résultats d'une requête sur moteur de recherche ?
A   Elles sont organisées selon des rubriques et des sous-rubriques.
B   Elles proviennent du "web invisible" ou "web profond".
C   De l'adéquation entre requête et contenus des pages.
D   Elles sont issues d'une sélection manuelle de sites pertinents.

Q12.03 : Parmi ces types de sources, lequel est le plus fiable ?
A   Les publications scientifiques.
B   Les wikis.
C   Les forums d'entraide.
D   Les blogs.

Q12.04 : La fiabilité des informations d'une page web dépends :?
A   Du nombre de visiteurs et de la popularité de la page.
B   De la nécessité de s'authentifier pour y accéder.
C   De la densité de l'information sur la page.
D   De la présence de publicités dans le bandeau latéral de la page.
E   Des modalités de contrôle avant publication.

Q12.05 : Que dire d'une page web personnelle publiée par un internaute ?
A   Son contenu ne fait l'objet d'aucune validation.
B   Son contenu doit être validé auprès de la CNIL.
C   Les moteurs de recherche valident son contenu.
D   Son contenu est validé par le F.A.I avant sa mise en ligne.

Q12.06 : Dans l'URL http://catalogue.bnf.fr/, quel est le nom de domaine ?
A   bnf
B   catalogue
C   catalogue.bnf.fr
D   bnf.fr

Q12.07 : **Comment évaluer la fraîcheur d'une information issue du web ?**
   A   Consulter la date « en cache » des moteurs de recherche.
   B   Relever la date de dernière mise à jour de son navigateur.
   C   Trouver l'adresse IP du serveur web.
   D   Rechercher la date de dernière mise à jour affichée en clair sur la page.

Q12.08 : **Que dire d'informations publiées sur un site institutionnel ?**
   A   Qu'elles font l'objet d'un consensus national.
   B   Qu'elles sont contrôlées par l'hébergeur du site.
   C   Qu'elles sont validées par l'institution.
   D   Qu'elles sont certifiées par le conseil constitutionnel.

Q12.09 : **Quels critères permettent d'évaluer la qualité d'une information issue du web ?**
   A   La réputation de l'auteur.
   B   La fiabilité de la source.
   C   Le prix de la ressource.
   D   L'accès authentifié à la ressource.

Q12.10 : **Quels facteurs influencent l'ordre des réponses d'un moteur de recherche sur le web ?**
   A   La réputation de l'auteur.
   B   La correspondance avec les mots de la requête.
   C   La popularité de la page web.
   D   Le nombre de mots de la page web.

Q13.01 : **Quelles infos peut-on en général déduire d'un nom de domaine ?**
   A   La date de dernière mise à jour du site.
   B   Le type du site (commercial, organisation, français, etc.).
   C   Le niveau de sécurisation du site.
   D   L'organisation (université, société, etc.) ayant mis en place ce site.

Q13.02 : **Pourquoi le navigateur affiche « Erreur 404 ! Page non trouvée » ?**
   A   Le navigateur n'a pas été mis à jour.
   B   La page qui figurait à cette adresse a été supprimée.
   C   La page n'est pas indexée par le moteur de recherche.
   D   L'adresse tapée dans le navigateur web est protégée.

Q13.03 : **Que doit-on indiquer quand on fait référence à une page web ?**
   A   Le mot de passe pour y accéder.
   B   La date de consultation.
   C   L'auteur.
   D   L'URL.

Q13.04 : **Qu'est ce qui est obligatoirement indiqué dans la référence d'une ressource en ligne ?**
   A   L'URL.
   B   Le titre de la ressource.
   C   Le nombre de visiteurs.
   D   La date de consultation.

Q13.05 : **Lorsqu'on consulte une page web à une date donnée, dans quels délais a-t-on la garantie que la page n'aura pas disparu ?**
A   Aucune garantie.
B   Le mois qui suit.
C   La journée qui suit.
D   La page ne peut pas disparaître.

Q13.06 : **Pour repérer l'auteur qui n'apparaît pas sur la page web elle-même, quelle action à le plus de chances d'aboutir ?**
A   Se renseigner auprès de son propre fournisseur d'accès.
B   Lancer une recherche dans un moteur de recherche de personnes.
C   Rechercher sur la page un lien comme « A propos », « Qui sommes-nous », ou encore « Contact ».
D   Envoyer une demande d'information à la CNIL.

Q13.07 : **Qu'indique la mention [En ligne] dans une référence bibliographique liée à une ressource ?**
A   La ressource est mise à jour régulièrement.
B   La ressource est accessible sur le web.
C   La ressource est diffusée comme un flux RSS.
D   La ressource est protégée par un mot de passe.

Q13.08 : **Comment faire pour télécharger un fichier pdf à partir d'un lien ?**
A   On enregistre la page web complète.
B   On enregistre la page html seule.
C   On enregistre la cible du lien.

Q13.09 : **Où se trouve l'image d'une page web que l'on consulte ?**
A   Dans un fichier de type image chargé en même temps que la page web.
B   Dans un fichier texte de type cookies du navigateur.
C   Dans le fichier html de la page web téléchargée.
D   Dans un fichier de type archive téléchargé depuis la page web.

Q13.10 : **Qu'est-ce qu'une page web dynamique ?**
A   Une page web que le webmestre modifie régulièrement.
B   Une page web faisant appel à des animations graphiques.
C   Une page web ayant du contenu issu d'une base de données.
D   Une page web incluant du son ou de la vidéo.

Q14.01 : **Où peut se trouver un fichier téléchargé depuis le web ?**
A   Dans le dossier Téléchargements indiqué dans les paramètres du navigateur.
B   Dans le cache du navigateur.
C   Dans le dossier spécifié dans l'URL du lien sur lequel on a cliqué.

Q14.02 : **Qu'est-ce qu'un flux RSS ?**
A   Un débit binaire permettant la réception de vidéos en HD.
B   Des informations publiées sur le web dans un format spécifique permettant leur intégration dans un agrégateur.
C   Un courriel d'actualités reçu dans sa messagerie électronique.
D   Une série d'images composant une vidéo.

Q14.03 : Par quels moyens peut-on se tenir informé d'un sujet donné ?
A   En agrégeant des flux en provenance de sites web sur ce sujet.
B   En consultant quotidiennement le cache de son navigateur.
C   En créant une alerte via les fonctionnalités de certains moteurs.
D   En suivant des experts du sujet sur un site de microblogage.

Q14.04 : Qu'est-ce que la veille informationnelle ?
A   Une synthèse des informations d'actualité datant de la veille.
B   Une technologie d'acheminement de paquets binaires.
C   Une activité consistant à se tenir informé des news sur un sujet.
D   Une méthode permettant de suivre l'avancement de ses tâches.

Q14.05 : Lesquels de ces moyens permettent la veille informationnelle ?
A   Recherches avancées via un moteur de recherche.
B   Abonnement à des évènements au sein d'un Réseau Social.
C   Usage d'un agrégateur de flux RSS.
D   Inscription à des newsletters.

Q14.06 : Comment se désabonner d'une lettre d'information électronique ?
A   En envoyant un message à l'adresse de la liste contenant « unsubscribe » dans l'objet du message.
B   En envoyant un courriel à son fournisseur d'accès à Internet.
C   En cliquant sur le lien situé en bas des lettres d'informations diffusées.
D   En plaçant l'adresse de la liste dans sa liste noire.

Q14.07 : Que peut-on dire des signets en ligne ?
A   Ils conservent la version de la page web telle qu'elle était le jour de l'ajout du signet.
B   Ils sont indépendants du navigateur utilisé.
C   Ils ne sont pas liés à l'ordinateur utilisé.
D   Ils se mettent à jour automatiquement en cas de déplacement d'une page vers une nouvelle URL.

Q14.08 : Si un usager est abonné à la lettre d'information d'un site commercial, que peut-on affirmer ?
A   Il est abonné à un flux RSS.
B   Il connaît les adresses électroniques des autres abonnés.
C   Il reçoit l'information dans sa boîte aux lettres électronique.
D   Il peut se désabonner normalement facilement.

Q14.09 : Lorsqu'on reçoit régulièrement un courriel contenant des informations sur un sujet donné, de quoi s'agit-il ?
A   D'un flux RSS.
B   D'une lettre d'information électronique.
C   D'un forum électronique.
D   D'une liste de contacts.

Q14.10 : Quels termes évoquent un flux RSS ?
A   Le fil d'actualités.
B   Le publipostage.
C   L'agrégateur.

D   La syndication de contenus.

Q21.01 : Qu'est-ce qu'une alerte sur un moteur de recherche ?
A   Une fenêtre surgissante proposant la mise à jour du moteur de recherche.
B   Le signalement de la présence d'un virus lors du téléchargement d'un résultat de la recherche.
C   Un message d'avertissement lorsqu'on saisit une requête erronée.
D   Un mécanisme d'abonnement qui permet de recevoir par courriel les nouveaux résultats d'une requête enregistrée.

Q21.02 : Dans un tableur, que désigne A1:A3 dans une formule ?
A   La division du contenu de la cellule A1 par celui de la cellule A3.
B   La référence à la plage des trois cellules A1, A2, A3.
C   La somme des valeurs contenues dans les cellules A1, A2 et A3.
D   La référence à une plage dont la cellule A3 est figée.

Q21.03 : Quel est le rôle du symbole $ dans une référence de cellule ?
A   Appliquer à la cellule un format monétaire.
B   Faire la somme des cellules adjacentes.
C   Indiquer que des nombres peuvent être saisis dans cette cellule.
D   Empêcher que la référence s'incrémente lorsqu'on recopie la formule.

Q21.04 : Dans un tableur, à quoi sert la recopie incrémentée ?
A   A sauvegarder la feuille en cours dans une nouvelle feuille.
B   A incrémenter le contenu de toutes les valeurs de la feuille.
C   A recopier la formule d'une cellule vers une cellule voisine en adaptant les références des cellules à ce nouvel emplacement.
D   A recopier le format d'une cellule vers une cellule voisine.

A21.05 : Quel type de graphique est recommandé pour présenter une série en fonction d'une autre ?
A   Le graphique en barres.
B   Le graphique en nuage de points ou en dispersion XY.
C   Le graphique en courbe ou en ligne.
D   Le graphique en secteurs.
E   Aucun graphique ne permet cela.

Q21.06 : Dans un tableur, en quoi consiste l'opération « filtrer une table de données » ?
A   Supprimer des lignes selon certains critères.
B   N'afficher que les lignes correspondantes à certains critères.
C   Appliquer des styles à des lignes selon certains critères.
D   Trier les lignes selon certains critères.

Q21.07 : À quoi peuvent servir les en-têtes de ligne et de colonne d'une table lors de la réalisation d'un graphique ?
A   De textes pour la légende.
B   De valeurs cibles pour la courbe de tendance.
C   D'étiquettes pour les axes.
D   De valeurs plancher pour l'axe vertical.

Q21.08 : **Lors d'un tri de table de données de classeur, que peut-on faire ?**
    A   Combiner des critères de tri sur différentes colonnes.
    B   Utiliser les en-têtes de colonne comme critère de tri.
    C   Effectuer un tri en lignes ou colonnes
    D   Choisir l'ordre des classeurs.

Q21.09 : **Que permet de montrer la représentation graphique en secteurs ?**
    A   Elle met en évidence la dimension cyclique des données.
    B   Elle fait ressortir les proportions relatives des données.
    C   Elle se prête bien à la représentation de plusieurs séries.
    D   Elle permet de connaître la valeur cumulée des données.

Q21.10 : **Quel est le format à utiliser pour diffuser un document à imprimer quand on ignore les applications utilisées par le destinataire ?**
    A   Texte.
    B   Portable Document Format (.PDF).
    C   Open Document Format.
    D   Document Microsoft Word.

Quiz : Communication et collaboration

Q22.01 : **Qu'est-ce qu'un document en accès concurrent ?**
    A   Un document dont la licence permet une action commerciale.
    B   Un document qui a été déposé sur un site de copyright en ligne.
    C   Un document que des personnes tentent de modifier simultanément.
    D   Un document dont plusieurs personnes prétendent être l'auteur.

Q22.02 : **Comment gérer l'accès aux informations de profil sur Facebook ?**
    A   En utilisant le protocole sécurisé HTTPS.
    B   En indiquant sur son profil que ces informations sont personnelles.
    C   En paramétrant ses paramètres de confidentialité.
    D   En configurant son navigateur en navigation privée.

Q22.03 : **Lors d'un transfert d'un courrier électronique échangé à des tiers dans un cadre privé, que doit-on effectuer ?**
    A   Encrypter le contenu du message.
    B   S'assurer que l'auteur du message vous autorise à ce transfert.
    C   Mettre en copie cachée les courriels des tiers destinataires.
    D   Envoyer le message via un compte générique pour ne pas être identifié.
    E   Supprimer tous ces types de messages sans transfert.

Q22.04 : **Qu'est-ce que la Netiquette ?**
    A   C'est un texte rédigé par la CNIL concernant les courriels.
    B   C'est un texte de loi définissant les règles d'échanges Peer-to-Peer.
    C   C'est un texte du W3C au sujet des tags (étiquettes) sur Internet.
    D   C'est un texte définissant les règles de bonne conduite et de politesse dans la communication électronique.

Q22.05 : **identifier les termes caractéristiques de bon usage d'un courriel ?**
    A   Un titre évocateur du contenu du message est systématique.
    B   Une seule pièce jointe n'est autorisée par message.
    C   Le corps du message ne dépasse pas 512 caractères.

D   Le champ "Expéditeur" permet d'identifier la personne qui l'a envoyé.
E   La signature donne les coordonnées de l'expéditeur.

Q22.06 : Qu'est qui est recommandé sur l'usage du courrier électronique ?
A   Diffuser largement les canulars (hoax).
B   Mettre en copie cachée les adresses des destinataires qui ne se connaissent pas.
C   Mettre un sujet qui reflète le contenu du message.
D   Écrire en majuscules.
E   Respecter les formules de politesse et début et fin de message.

Q22.07 : Comment répondre à une question sur un forum d'entraide ?
A   Créer un nouveau fil de discussion pour donner sa réponse.
B   Répondre directement via l'email de l'internaute qui a posé la question.
C   Écrire sa réponse en langage optimisé.
D   Répondre dans le fil de discussion où la question a été posée.

Q22.08 : Que permet de garantir la charte graphique sur un site web ?
A   Ce sont des règles permettant de préserver une cohérence graphique entre les différentes pages du site.
B   L'agencement de la page d'accueil et la navigation du site.
C   Les bonnes pratiques en ce qui concerne l'usage du site web.
D   Le logiciel à utiliser pour la création des images du site web.

Q22.09 : Que peut-on dire de Wikipédia ?
A   C'est une encyclopédie gérée par des bibliothécaires.
B   C'est une encyclopédie collaborative en ligne.
C   C'est une encyclopédie dont les contributeurs sont rémunérés en fonction de la popularité de leurs articles.

Q22.10 : Si un forum est modéré a posteriori, que peut-on dire ?
A   Les messages validés respectent la charte du forum.
B   Les messages sont publiés avec un délai de 24h.
C   Certains messages peuvent être publiés sans avoir été validés.
D   Les messages sont effacés après 24h de publication.
E   Les messages publiés ne sont plus supprimables par le modérateur.

Q23.01 : À quels contrôles sont soumises les informations publiées sur les blogs et sites web personnels ?
A   À une vérification de l'orthographe.
B   À une vérification de l'exactitude de l'information.
C   À une vérification de conformité technique aux navigateurs.
D   À aucun contrôle.

Q23.02 : A quoi sert le champ de courriel appelé Bcc ou Cci ?
A   À indiquer le nom du logiciel de courrier électronique à utiliser.
B   À indiquer la date du courriel.
C   À indiquer l'adresse de l'expéditeur.
D   À indiquer l'adresse des destinataires masqués.

Q23.03 : On appelle une communication asynchrone, lorsque ... ?

A   Les terminaux utilisés sont de natures différentes.
B   Les interlocuteurs communiquent en même temps.
C   Les interlocuteurs n'ont pas besoin d'être connectés en même temps.
D   La communication s'appuie sur le son et la vidéo.

Q23.04 : Qu'est-ce que la messagerie instantanée (chat) ?
A   Un outil permettant de converser au téléphone à plusieurs.
B   Un outil permettant de centraliser des échanges oraux.
C   Un outil permettant à des interlocuteurs distants d'échanger des messages écrits en temps réel.
D   Un outil d'échanges des messages via une boîte mail.

Q23.05 : Quels sont les protocoles utilisés pour les courriels ?
A   IMAP.
B   POP.
C   IP.
D   SMTP.

Q23.06 : Que peut-on ajouter à la fin de ses courriels envoyés ?
A   La citation.
B   Le pied de page.
C   L'authentification.
D   La signature.
E   Un logo.

Q23.07 : Pour consulter ses courriels depuis l'ordinateur d'un ami :
A   On utilise une messagerie web (webmail).
B   On utilise un client de messagerie installé en local.
C   On utilise un logiciel de téléchargement.
D   On utilise un outil de messagerie instantanée.

Q23.08 : Qu'est-ce le quota de stockage d'une messagerie électronique ?
A   Le nombre maximum de fichiers joignables par courriel.
B   Le nombre maximum de messages envoyés.
C   La taille limite des pièces jointes à transmettre.
D   La taille limite de l'espace alloué dans la messagerie.

Q23.09 : Qu'est-ce qu'un filtre de messages ?
A   Un outil qui classe les courriels suivant certains critères.
B   Un outil qui élimine les images présentes dans les courriels.
C   Un outil qui affiche en tête de liste les courriels urgents.
D   Un outil qui rend visible la liste de tous les destinataires.

Q23.10 : Que peut-on dire des courriels « indésirables » reçus ?
A   Ils peuvent être détectés automatiquement par un logiciel anti-spam.
B   Les courriers indésirables sont des virus.
C   Des courriels normaux peuvent être marqués par erreur en indésirables.
D   On peut paramétrer le déplacement automatique de ces courriels vers un dossier dédié.

Q24.01 : Comment envoyer un courriel à 3 personnes en respectant la confidentialité d'identité?
A   On place toutes les adresses dans le champ Cci.
B   On place toutes les adresses dans le champ A.
C   On place toutes les adresses dans le champ Cc.
D   On place une adresse différente dans les champs : A, Cc et Cci.

Q24.02 : Qu'est-ce qu'un fil de discussion dans un forum ?
A   La liste des identifiants des auteurs de messages.
B   Un ensemble d'échanges sur un sujet donné.
C   Une icône indiquant que chaque message a déjà été lu ou non.
D   Le résumé des échanges de la semaine.
E   La liste des thèmes abordés dans l'ensemble du forum.

Q24.03 : Qu'est-ce que l'agenda partagé d'un groupe ?
A   Un outil de sondage utilisé pour planifier un événement groupé.
B   Un calendrier permettant de visualiser les événements et disponibilités de membres d'un groupe de personnes.
C   Un dossier ordonné alphabétiquement des membres du groupe.
D   Un carnet d'adresses des adresses électroniques du groupe.

Q24.04 : Qui peut accorder des droits supplémentaires aux utilisateurs d'une plateforme de travail collaborative ?
A   Les collaborateurs.
B   Les modérateurs.
C   Les administrateurs.
D   Tout utilisateur.

Q24.05 : Parmi ces outils, lesquels sont dédiés au travail de groupe ?
A   Le wiki.
B   Le système d'exploitation.
C   Le forum de discussion.
D   L'espace de stockage partagé.
E   La suite bureautique.

Q24.06 : Que peut-on dire d'une liste de diffusion ?
A   Tous les abonnés d'une liste peuvent modifier la liste.
B   Si les abonnés peuvent écrire à la liste, il s'agit de liste de discussion.
C   La gestion des abonnements est forcément automatisée.
D   Elle permet d'envoyer des courriels à un groupe de destinataires sans avoir à saisir leur adresse.

Q24.07 : Quel outil permet de trouver une date de réunion commune aux membres d'un groupe ?
A   Une liste de diffusion.
B   Un agenda partagé.
C   Un outil de sondage en ligne.
D   Un forum de discussion.

Q24.08 : Que permet un service de microblogage ?
A   De diffuser des messages courts.

B   De synchroniser les fichiers d'un disque dur vers une clé usb.
C   De publier une page web personnelle.
D   De rédiger des articles longs et argumentés sur l'actualité.
E   De suivre les messages diffusés par d'autres.

Q24.09 : Qu'est-ce qu'une plateforme de travail collaboratif ?
A   Un outil développé collaborativement par une communauté.
B   Un logiciel spécifique de gestion de révisions.
C   Un site web mettant à disposition des outils de communication et de collaboration adaptés pour travailler en groupe.
D   Un document éditable en ligne de type blog.

Q24.10 : Quels outils favorisent l'échange d'idées au sein d'un groupe ?
A   Un site web.
B   La messagerie instantanée.
C   L'espace de stockage.
D   Le forum de discussion.

Q31.01 : laquelle de ses définitions décrit le mieux ce qu'est un réseau social classique sur le web ?
A   Ensemble de membres qui postent des messages courts.
B   Ensemble de membres réguliers des mêmes pages du web.
C   Groupe de personnes partageant des signets et les taguer.
D   Ensemble de membres regroupés suivant leurs affinités, leurs domaines privés ou professionnels déclarées ou affichés.

Q31.02 : Quelle fonctionnalité est-il pratique d'utiliser pour apporter des suggestions de modifications dans un document ?
A   Les notes de bas de page.
B   La table d'index.
C   Le gestionnaire de références bibliographiques.
D   Le suivi des modifications.

Q31.03 : Quel outil collaboratif permet d'écrire une page web à plusieurs ?
A   Un webmail.
B   Un chat.
C   Un wiki.
D   Un blog.

Q31.04 : Qu'appelle-t-on "édition en ligne" ?
A   La publication d'un document sur un site d'archives ouvertes.
B   Le dépôt dans un dossier partagé d'un document à éditer.
C   L'envoi par courriel d'un document à éditer.
D   L'usage d'une application en ligne permettant d'éditer le document à distance.

Q31.05 : Quel processus peut résoudre les conflits d'accès à un fichier ?
A   La sauvegarde.
B   L'enregistrement.
C   L'authentification.
D   Le verrouillage.

Q31.06 : **Quand utilise-t-on le suivi des modifications ?**
A   Pour éditer un document à plusieurs de façon synchrone.
B   Pour empêcher toute modification d'un document.
C   Pour collaborer à l'édition d'un document hors ligne.
D   Pour réaliser une copie privée d'un document.

Q31.07 : **Que dire d'une gestion automatisée des versions d'un document ?**
A   On peut limiter le volume des données stockées.
B   On peut savoir qui a modifié le document en dernier.
C   On peut connaître la dernière date de mise à jour du document.
D   On peut revenir à une version antérieure en cas de fausse manipulation.

Q31.08 : **Lorsqu'on ouvre un document texte intégrant le suivi des modifications, comment connaître l'auteur d'une des modifications ?**
A   En consultant le contenu de la bulle associée à la modification.
B   En consultant les données d'identité du logiciel.
C   En acceptant toutes les modifications.
D   En consultant le nom du créateur du fichier dans les propriétés du fichier.

Q31.09 : **Que permet de faire le suivi des modifications dans un document texte ?**
A   Associer un commentaire à une partie du texte.
B   Sécuriser l'accès au document par une technique de cryptage.
C   Connaître la date de la dernière sauvegarde.
D   Accepter ou refuser une modification.
E   Savoir qui est l'auteur d'une modification.

Q31.10 : **Dans quels contextes parle-t-on de conflit d'accès ?**
A   Le partage de documents.
B   L'édition d'un wiki.
C   L'ajout de tags à un objet du web.
D   Le suivi d'un fil de discussion.

Quiz : Création de contenus

Q32.01 : **Dans un traitement de texte, quels sont les caractères dits "non imprimables" ?**
A   Le caractère euro.
B   Le caractère point d'exclamation.
C   Le caractère tiret.
D   Le caractère de fin de paragraphe.
E   Le caractère de tabulation.

Q32.02 : **Qu'est-ce qu'un espace insécable ?**
A   Un caractère qui permet de changer de ligne mais pas de paragraphe.
B   Un caractère qui permet de passer au paragraphe suivant.
C   Un caractère qui permet d'aligner le texte sur un taquet de tabulation.
D   Un caractère qui évite la séparation de deux éléments en cas de passage automatique à la ligne.

Q32.03 : **A quoi servent les modèles de documents ?**
A   Corriger les fautes d'orthographe.
B   Conserver la définition des styles.

C   Créer des documents types.
D   Compresser les fichiers volumineux.

Q32.04 : Qu'utilise-t-on pour automatiser la mise en forme d'un document ?
A   Le mode révision.
B   Les propriétés du document.
C   Les styles.
D   Les tables.

Q32.05 : Comment changer la couleur des titres des diapos d'une présentation ?
A   Changer la couleur du titre dans la diapositive de résumé.
B   Changer la couleur du titre dans la barre d'outils dessin.
C   Changer la couleur du titre dans le masque.
D   Changer la couleur du titre dans les effets de transition.

Q32.06 : Dans Writer, quelles sont les propriétés propres aux paragraphes ?
A   Les marges.
B   L'alignement horizontal.
C   Les retraits.
D   Les taquets de tabulation.
E   L'en-tête de page.

Q32.07 : Où doit-on insérer les éléments de la charte graphique dans une présentation ?
A   Dans le masque de diapositives.
B   Dans la trieuse de diapositives.
C   Dans le document d'accompagnement.
D   Dans la zone de commentaires et notes.

Q32.08 : Lorsqu'on crée un nouveau document à partir d'un modèle, que peut-on dire ?
A   Le document possède la même date de création que le modèle.
B   Les titres, entête et pieds de pages seront identiques au modèle.
C   Le document possède la même mise en page que le modèle.
D   Le document possède les mêmes styles que le modèle.

Q32.09 : Si on change la taille de police du texte d'un document, qu'est-ce qui est susceptible de varier ?
A   Le nombre de paragraphes
B   Le nombre de pages.
C   Le nombre de lignes.
D   Le nombre de caractères.

Q32.10 Citez les différentes façons d'accès aux fonctionnalités sur un logiciel de traitement de texte ?
A   Les boutons et icônes dans les différentes barres de boutons.
B   Clic droit de la souris, menu contextuel.
C   Raccourcis clavier (séquences de touches).
D   Via les menus.

Q33.01 : Comment générer automatiquement une table des matières ?

A   Il faut structurer le document à l'aide de styles, de niveaux de plan ou d'entrées marquées.
B   Les paragraphes doivent être justifiés.
C   Les pages doivent être toutes numérotées.
D   La génération est forcément manuelle.

Q33.02 : **Que doit-on faire avant d'imprimer un document contenant une table des matières ?**
A   Mettre à jour toutes les infos générées automatiquement dans le document.
B   Actualiser les styles de la table des matières.
C   Masquer les caractères non imprimables.
D   Afficher le document en mode plan.

Q33.03 : **Qu'est-ce qu'une table des illustrations ?**
A   La liste des légendes des images contenues dans le document texte.
B   Un tableau regroupant les vignettes des images du document.
C   Un style de cadre que l'on peut appliquer aux images.
D   Une palette d'outils permettant de dessiner des formes simples.

Q33.04 : **Que peut-on insérer comme des champs au sein d'un logiciel de traitement de texte ?**
A   L'entête et le pied de page.
B   Le nombre total de pages.
C   L'auteur du document tel que décrit dans les propriétés du document.
D   La date du jour.

Q33.05 : **Dans un document, qu'est ce qui permet de se référer à une illustration en mettant un texte de la forme "voir illustration page ..."?**
A   D'un renvoi.
B   D'un appel de note.
C   D'un commentaire.
D   D'une légende.

Q33.06 : **Où se place le texte d'une note de bas de page ?**
A   Dans le pied de page.
B   Dans la marge du bas.
C   En bas de la zone d'édition de la page.
D   À la suite de l'appel de note.

Q33.07 : **Comment générer un index lexical dans un document ?**
A   Appliquer un style de caractères spécifique aux mots à indexer.
B   Associer une note de fin de document aux mots à indexer.
C   Marquer certains mots du texte comme entrées d'index.
D   Copier tous les mots à indexer à la fin du document.

Q33.08 : **Que peut-on dire d'une table des matières ?**
A   Elle peut être consultée sans ouvrir le document.
B   Elle peut indiquer les numéros de page des différentes parties.
C   Elle peut contenir des hyperliens vers différentes parties du document.
D   Elle est mise à jour automatiquement dès qu'on modifie un titre.
E   Elle peut être actualisée sur demande.

Q33.09 : Lesquels de ces éléments sont des tables ou index que l'on peut générer automatiquement dans un document texte ?
A L'index lexical.
B Les notes de fin de document.
C La table des matières.
D La table des illustrations.
E Le tableau des graphiques.

Q33.10 : Dans un logiciel traitement de texte, que dire d'un champ ?
A Il détermine la largeur d'édition du document.
B On ne peut pas modifier la mise en forme de son contenu.
C Il caractérise le format du fichier.
D Il contient une information générée automatiquement.
E C'est une zone libre de saisie.

Q34.01 : A quoi correspond la définition d'une image ?
A Le format dans lequel elle est enregistrée.
B Le nombre de Pixels en largeur x le nombre de Pixels en hauteur.
C L'espace qu'elle occupe à l'écran.
D Le nom du fichier avec son extension.
E Le volume qu'elle occupe sur le disque.

Q34.02 : Comment diminuer le poids d'une image dans un document ?
A En créant une archive compressée.
B En la codant dans un format bitmap non compressé.
C En changeant son format.
D En diminuant sa définition.

Q34.03 : Que faire pour n'afficher que la partie centrale d'une photo ?
A Changer la définition de l'image.
B Rogner ou recadrer l'image.
C Compresser ou compacter l'image.
D Modifier le contraste de l'image.

Q34.04 : Que dire d'une image insérée "*en tant que lien*" ?
A Si on change les couleurs dans le fichier image, cette modification est répercutée dans le document.
B Si le fichier est déplacé, l'image risque de ne plus apparaître dans le document.
C Elle est intégrée au document et le poids de celui-ci augmente en conséquence.
D La modification d'échelle de l'image n'impacte pas le fichier image.

Q34.05 : Dans un document textuel, comment s'assurer qu'une image restera toujours au centre de la page, même si on ajoute du texte ?
A Il faut agrandir la photo à la taille de la page.
B Il faut ajuster sa définition.
C Il faut l'intégrer au texte.
D Il faut l'ancrer à la page.

Q34.06 : A quoi sert l'affichage d'un document en mode plan ?
A Numéroter les pages.
B Changer le niveau hiérarchique d'une partie de document.

C   Créer automatiquement la table des matières.
D   Visualiser les en-têtes et pieds de page.
E   Visualiser les niveaux hiérarchiques d'un document.

Q34.07 : **Quel type de dessin créer via la barre d'outils *«dessin»* de Writer ?**
A   Compressé.
B   Textuel.
C   Bitmap.
D   Vectoriel.

Q34.08 : **Que signifie WYSIWYG dans l'usage du traitement de texte ?**
A   C'est un mode qui rend possible l'insertion d'images.
B   C'est un mode qui permet de voir à l'écran ce qui sera imprimé.
C   C'est un mode qui permet de faire des recherches sur le web.
D   C'est un mode de gestion particulier de la barre d'outils.

Q34.09 : Comment **faire des transitions animées dans une présentation ?**
A   Utiliser un logiciel de montage vidéo.
B   Choisir parmi une liste de transitions prédéfinies.
C   Enregistrer au format pdf.
D   Concevoir toutes les images intermédiaires.

Q34.10 : **Comment peut-on ajouter un titre à une illustration ?**
A   En ajoutant un cadre rapproché à l'illustration.
B   In intégrant du texte au sein de l'illustration même.
C   En ajoutant une légende (clic droit sur l'illustration).
D   En utilisant un style adapté.

Q35.01 : **A quoi correspond l'enchaînement visuel de diapositives (balayage, fon-du...) lors d'une présentation ?**
A   Une mise en page automatique.
B   Un calque de masque.
C   L'usage de styles dynamiques.
D   Un effet de transition.

Q35.02 : **Qu'est la définition de la zone d'impression d'un document ?**
A   A la sélection du périphérique utilisé pour l'impression.
B   A la zone du document que l'on souhaite imprimer.
C   Du paramétrage du nombre de pages à imprimer par feuille.
D   Du réglage des marges du document.

Q35.03 : **Lorsqu'on décide d'imprimer en noir et blanc un diaporama qu'on avait prévu de projeter, il faut :**
A   Modifier toute la présentation en noir et blanc.
B   Passer au format matriciel les dessins créés en vectoriel.
C   Vérifier que l'impression en noir et blanc des nuances de couleurs préservent une bonne lisibilité sur papier.
D   Vérifier que les diapositives animées restent lisibles.

Q35.04 : **Que doit-on faire aux images d'un document pour les rendre accessible aux non-voyants ?**

A   Les mettre en noir et blanc.
B   Leur associer un texte alternatif.
C   Les pixeliser.
D   Les supprimer.

Q35.05 : **Quelles sont les qualités d'un site web ergonomique ?**
A   Il doit être accessible aux handicapés.
B   Il est facile à utiliser.
C   Il est facile de s'y repérer et de naviguer.
D   La taille des caractères doit être supérieure à 24pt.
E   Il ne contient pas d'images ni de vidéos.

Q35.06 : **Comment se nomme le contenu commun en haut de chaque page d'un document ?**
A   Les méta-données.
B   La marge.
C   L'en-tête.
D   Le titre.

Q35.07 : **Qu'appelle-t-on métadonnées d'un document numérique ?**
A   Les valeurs chiffrées saisies dans les formulaires du document.
B   Les informations associées au document comme le titre, l'auteur, l...
C   Les valeurs d'un tableau sur lesquelles s'appuie un graphique.
D   Le résumé d'un article que l'on peut développer à partir d'un lien de type « lire la suite... ».

Q35.08 : **Lorsqu'on imprime un document important en 3 exemplaires, que permet de faire le paramétrage de l'impression ?**
A   D'imprimer 4 pages du document par feuille.
B   De regrouper l'impression par numéro de page.
C   De regrouper l'impression par exemplaire.
D   De modifier les styles de titre du document.
E   D'imprimer en couleur et en recto/verso.

Quiz : Protection et sécurité

Q35.09 : **Qu'est-ce qu'un cheval de Troie ?**
A   C'est un virus qui se propage à travers le réseau.
B   C'est un logiciel qui dissimule un logiciel malveillant.
C   C'est un matériel qui permet de se connecter au réseau.
D   C'est une protection contre les tentatives d'intrusions.

Q35.10 : **Que peut-on dire d'un virus ?**
A   C'est un logiciel malveillant.
B   C'est un canular (hoax).
C   C'est une méthode d'hameçonnage (phishing).
D   Il s'agit d'un programme qui peut se propager via une clé USB.
E   Un virus est toujours lié à un matériel défectueux.

Q41.01 : **Quelles sont les principales fonctionnalités d'un antivirus ?**
A   Assurer une protection résidente qui analyse tout fichier entrant.
B   Scruter le code source des logiciels à la recherche de failles de sécurité.

C   Analyser un support de stockage à la recherche de malwares.
D   Éteindre l'ordinateur en cas de suspicion d'attaque.
E   Mettre à jour la base de signatures virales.

Q41.02 : Qu'est-ce qu'un logiciel espion (spyware) ?
A   Un logiciel qui réactive l'écran dès que la souris et le clavier sont actifs.
B   Un logiciel qui vérifie qu'aucun virus n'a infecté l'ordinateur.
C   Un logiciel obtenu de façon illicite.
D   Un logiciel collectant des informations sur l'usager à son insu afin de les transmettre à un tiers.

Q41.03 : Quelles précautions à prendre pour protéger son ordinateur ?
A   Éviter de se connecter en haut débit.
B   Chiffrer ses courriels.
C   Activer et configurer son pare-feu (firewall).
D   Installer et maintenir à jour un anti-virus.

Q41.04 : lesquels de ces éléments sont des logiciels malveillants ?
A   Cookie.
B   Logiciel libre.
C   Logiciel disponible en téléchargement.
D   Un freeware.
E   Virus.

Q41.05 : A quoi sert un pare-feu ?
A   A protéger l'ordinateur des intrusions extérieures par le réseau.
B   A interdire l'action de virus informatiques.
C   A bloquer l'installation de logiciels contenant des virus.
D   Il s'agit d'un logiciel antivirus particulier.
E   A éviter les surchauffes d'ordinateurs.

Q41.06 : Qu'appelle-t-on une signature virale ?
A   C'est un code qu'un virus insère dans le fichier qu'il infecte.
B   C'est l'identification de pirate à l'origine du virus.
C   C'est le nom donné à un antivirus mis à jour.
D   C'est la manière avec laquelle se propage un virus.
E   C'est le nom d'un virus virulent.

Q41.07 : Qu'est « l'authentification » dans un système informatique ?
A   La procédure qui permet de réinitialiser le mot de passe.
B   La procédure de vérification de la qualité des mots de passe.
C   La procédure qui consiste à vérifier l'identité d'une personne.
D   La procédure qui consiste à modifier le profil d'une personne.

Q41.08 : Quelles sont les propriétés d'un bon mot de passe ?
A   Il doit être possible de le mémoriser sans le noter.
B   Il doit contenir seulement des caractères alphanumériques
C   Il ne doit pas avoir de signification évidente.
D   Il doit être suffisamment complexe.
E   Il doit systématiquement être identique quel que soit le besoin de connexion (mail, réseau social…).

Q41.09 : Qu'implique la publication d'informations personnelles sur le web?
A L'usage d'une authentification forte.
B Sa e-réputation.
C Des risques d'actions de phishing.
D Une atteinte au droit à l'image.
E Cela engage la responsabilité de l'hébergeur du site concerné.

Q41.10 : Qu'appelle-t-on le droit à l'oubli ?
A Le fait de pouvoir effacer ses traces de navigation sur l'ordinateur
B Le fait de pouvoir demander le renvoi d'un mot de passe oublié.
C Le fait qu'un usager puisse, s'il le souhaite faire retirer les contenus en ligne le concernant.
D Il s'agit d'un droit n'ayant aucun rapport avec l'usage informatique.

Q42.01 : Que faut-il respecter pour éviter l'usurpation d'identité ?
A Il faut impérativement verrouiller sa session avant de quitter son poste.
B On doit utiliser forcément le même mot de passe si possible complexe.
C On doit transmettre ses identifiants à ses amis pour éviter de les perdre.
D On doit garder ses identifiants secrets.

Q42.02 : À quoi sert la signature incluse en bas d'un courriel ?
A À permettre d'identifier les destinataires du courriel.
B À décrypter le courriel.
C À fournir les coordonnées de l'expéditeur.
D À afficher des informations techniques complémentaires.

Q42.03 : Lorsqu'on souhaite effectuer des opérations sensibles sur le web (opérations bancaires, …), de quoi doit-on s'assurer ?
A Que l'URL d'accès est bien l'URL habituellement utilisée.
B Que le protocole utilisé est bien HTTPS.
C Qu'un symbole mentionnant un cadenas sur le navigateur est indiqué (données cryptées).
D Que l'URL d'accès résulte d'un lien issu d'un courriel reçu.

Q42.04 : Qu'indique le statut « accès public » d'une information de profil ?
A Cette information peut être modifiée par n'importe qui.
B Cette information peut être vue par tout internaute.
C Cette information ne concerne que les personnes majeures.
D Cette information est adaptée aux jeunes de moins de 12 ans.
E Tous les lecteurs seront notifiés de toute modification.

Q42.05 : Comment appelle-ton l'ensemble des informations personnelles fournies lors d'une inscription à un service en ligne ?
A Les paramètres de confidentialité.
B Le profil utilisateur.
C Le contexte d'utilisation.
D Le protocole d'identification.
E Les identifiants de connexion.

Q42.06 : Lesquelles de ces infos peuvent être diffusées librement sur le web ?
A L'URL d'un site web qu'on a trouvé intéressante.

B   L'historique d'un échange par courriel auquel on a participé.
C   La photo d'un ami.
D   L'adresse d'un restaurant qu'on a apprécié.

Q42.07 : **Quelle autorité est chargée de veiller à la protection des données person-nelles ?**
A   La SACEM.
B   Votre FAI (Fournisseur d'Accès Internet).
C   La CNIL.
D   L'AFNOR.
E   Le W3C.

Q42.08 : **Que signifie l'acronyme « CNIL » ?**
A   Commission Nationale des Informaticiens et des Logiciels.
B   Commission Nationale de l'Informatique et des Libertés.
C   Communauté Nationale des Individus et des Libertés.
D   Consortium National de l'Informatique Libre.

Q42.09 : **On respecte le droit à l'image de quelqu'un dont on diffuse la photo :?**
A   En indiquant à côté de l'image le nom du photographe de la photo.
B   En effectuant une déclaration préalable à la CNIL.
C   En indiquant le nom de la personne à côté de la photo.
D   En demandant l'autorisation de la personne ou de son représentant légal avant de diffuser la photographie.

Q42.10 : **Qu'est ce qui relève de la communication publique ?**
A   Information publiée sur l'espace de son réseau social réservé à ses amis.
B   Message posté sur un forum dans l'espace public.
C   Billets sur un blog.
D   Courriel envoyé à plusieurs contacts de son carnet d'adresses.
E   Dépôt de commentaires sur un site marchand.

Q43.01 : **Qu'est ce qui a conduit à la création de la loi « Informatique et Libertés »?**
A   L'usage croissant des moyens synchrones de communication.
B   Les possibilités croissantes d'interconnexion des fichiers.
C   La généralisation du stockage numérique des données.
D   L'augmentation des capacités des machines et des réseaux.

Q43.02 : **Pour être en conformité avec Hadopi, que ne peut-on pas faire ?**
A   Télécharger de fichiers à partir de réseaux poste à poste.
B   Partager d'œuvres via Internet sans l'autorisation de leur créateur.
C   Télécharger illégalement des œuvres protégées par un droit d'auteur.

Q43.03 : **Que peut-on dire d'une œuvre tombée dans le domaine public ?**
A   L'auteur est décédé depuis plus de 70 ans (environ).
B   On peut la diffuser sans demande d'autorisation.
C   Le nom de l'auteur doit être cité.
D   On peut en diffuser une version retouchée.

Q43.04 : **En France, de quoi se compose le droit d'auteur ?**
A   Des droits patrimoniaux.

B   Du droit moral.
C   Du copyright.
D   Du droit de la presse.

Q43.05 : **Que peut-on dire du droit d'auteur en France ?**
A   Il n'est effectif que si l'auteur a déclaré l'œuvre auprès d'un organisme de dépôt officiel.
B   Il protège les œuvres de l'esprit (texte, musique, photographie, etc.).
C   Il s'agit du droit à payer par les auteurs pour être référencé sur les sites.
D   Il est composé du droit moral et des droits patrimoniaux.

Q43.06 : **Que peut-on dire d'un logiciel distribué comme un partagiciel ?**
A   On doit payer pour l'utiliser.
B   Il appartient au domaine public.
C   On peut en étudier le code source.
D   On peut l'essayer gratuitement pendant un certain temps puis décider de l'utiliser après régularisation (payante ou pas).

Q43.07 : **Que peut-on faire après avoir acheté une musique en ligne ?**
A   Je peux en faire une copie pour l'écouter sur mon baladeur.
B   Je peux l'envoyer gratuitement à un ami par courriel.
C   Je peux la déposer sur mon blog en accès public.
D   Je peux la déposer sur son blog en limitant l'accès aux amis seulement.
E   Je peux la vendre à un membre de ma famille.

Q43.08 : **Que doit-on faire pour faire valoir ses droits d'auteur sur une œuvre (texte, photographie, …) ?**
A   On doit payer des droits patrimoniaux.
B   On doit en envoyer une copie à la B.N.F.
C   On doit prouver qu'on en est bien l'auteur par le moyen de son choix.
D   On doit déposer un brevet auprès d'un organisme reconnu.
E   On doit la faire enregistrer auprès de la CNIL.

Q43.09 : **Que peut-on affirmer si une application est mise à disposition gratuitement par son concepteur ?**
A   Il s'agit d'un programme ouvert.
B   Il s'agit d'un logiciel libre de droits.
C   C'est une application interopérable.
D   C'est un gratuiciel (freeware).

Q43.10 : **Que me permet l'achat d'un logiciel sous licence propriétaire ?**
A   Je peux le rendre accessible par téléchargement sur mon site web car j'en suis le propriétaire.
B   Je peux en faire une copie de sauvegarde pour prévenir une défaillance du support original.
C   Je peux le copier et redistribuer sur CDs grâce à la taxe sur les CD.
D   Je peux en modifier le code source afin d'améliorer ses performances.

Q44.01 : **Ai-je le droit d'intégrer dans un diaporama public une photographie trouvée sur le web ?**
A   Oui, si elle provient d'un site officiel (.gouv, .com…).

B   Oui, s'il est précisé qu'elle est associée à une licence libre avec possibilité d'exploitation commerciale.
C   Oui, car elle a été trouvée sur un site grand public.
D   Oui, si elle fait partie du domaine public.

Q44.02 : **Que peut-on dire des logiciels sous licence de type gratuiciel ?**
A   Ce sont des logiciels réalisés de façon collaborative.
B   Ce sont des logiciels soumis au paiement d'une redevance après une période d'essai gratuite.
C   Ce sont des logiciels diffusés avec leur code source.
D   Ce sont des logiciels mis gratuitement à disposition.

Q44.03 : **En France, que dire d'une œuvre 70 ans après la mort de son auteur ?**
A   L'auteur perd la paternité de son œuvre.
B   Les ayant-droits ne bénéficient plus de droits patrimoniaux éventuels sur cette œuvre.
C   L'œuvre doit être supprimée de tous les supports numériques.
D   L'œuvre tombe automatiquement dans le domaine public.

Q44.04 : **Comment se nomme un courriel relayant une rumeur à ses contacts ?**
A   Un hypertexte.
B   Un canular électronique (hoax).
C   Un hameçonnage (phishing).
D   Un ver informatique.

Q44.05 : **Des données personnelles sont collectées sur un service en ligne : Qui permet de savoir comment ces données vont être utilisées ?**
A   La nétiquette.
B   La CNIL.
C   La SACEM.
D   La charte de confidentialité.

Q44.06 : **Qu'est-ce que l'accessibilité numérique ?**
A   Le fait que les documents soient diffusés dans un format ouvert.
B   Le fait que l'on soit dans une zone couverte par le Wi-Fi.
C   Le fait que les contenus numériques soient consultables par tous, y compris par les personnes en situation de handicap.
D   Le fait que tous les contenus en ligne soient accessibles sans authentification.

Q44.07 : **A quoi sert une charte pour les utilisateurs d'un service Internet ?**
A   A publier les résultats commerciaux de l'organisation.
B   A rappeler l'existence de la loi.
C   A publier les règles internes spécifiques à l'organisation.
D   A mettre à disposition les mots de passe des individus.

Q44.08 : **Que décrit le prestataire d'un service en ligne dans la politique de confidentialité ?**
A   L'usage que ses clients peuvent faire de ce service.
B   L'exploitation commerciale des données personnelles de ses clients.
C   Les informations de ses clients rendues publiques.
D   Les conditions tarifaires applicables aux clients.

E   Les conditions d'assistance aux clients en cas de dysfonctionnement.

Q44.09 : **Comment appelle-t-on un règlement intérieur définissant les règles d'utilisation des ressources numériques ?**
A   La Netiquette.
B   Les règles d'accessibilité.
C   La charte d'établissement.
D   Les mentions légales.

Quiz : Environnement numérique

Q44.10 : **Que peut-on dire de la mémoire vive d'un ordinateur ?**
A   C'est une mémoire de stockage.
B   C'est la mémoire de travail pour les applications en cours d'exécution.
C   C'est une mémoire amovible.
D   C'est une mémoire volatile.

Q51.01 : **Que faut-il pour accéder à son espace personnel de l'ENT ?**
A   Être connecté au réseau.
B   Disposer d'une clé USB.
C   Être inscrit à l'ENT.
D   Utiliser son ordinateur personnel.

Q51.02 : **Qu'appelle-t-on Internet ?**
A   C'est un système d'exploitation.
B   C'est un navigateur.
C   C'est un réseau informatique international.
D   C'est un moteur de recherche.

Q51.03 : **Que désigne le mot anglais "hardware" en informatique ?**
A   Le clavier de l'ordinateur.
B   L'utilisation de l'ordinateur comme outil de formation.
C   L'ensemble des parties matérielles de l'ordinateur.
D   L'unité centrale de l'ordinateur.

Q51.04 : **Que permet de faire un gestionnaire de fichiers ?**
A   Créer des dossiers ou répertoires.
B   Paramétrer l'affichage des fichiers.
C   Gérer la mise à jour des logiciels.
D   Consulter ou modifier certaines propriétés des fichiers.

Q51.05 : **Que peut-on dire de la connexion par un port USB ?**
A   La connexion peut se faire sans redémarrer l'ordinateur (à chaud).
B   La connexion ne concerne que des périphériques de stockage.
C   La connexion est active que si l'ordinateur est connecté à Internet.
D   Pour des raisons de sécurité, les ports USB peuvent être désactivés.

Q51.06 : **A quoi peut être due la coupure d'une connexion Internet ?**
A   L'insuffisance de la mémoire de stockage.
B   La mise à jour du navigateur.
C   L'interruption du service par le fournisseur d'accès.
D   L'éloignement de la borne Wifi qui la fournissait.

Q51.07 : Qu'est-ce que le Wifi ?
A   Un réseau câblé.
B   Un système de gestion de site web modifiable.
C   Une norme pour le son numérique haute-définition.
D   Un réseau sans fil.
E   Une connexion à Internet par le réseau téléphonique.

Q51.08 : Quel protocole permet aux ordinateurs de communiquer entre eux sur Internet ?
A   HTML.
B   TCP/IP.
C   AJAX.
D   PHP.

Q51.09 : Qu'est ce qui favorise l'interopérabilité ?
A   Les formats de fichiers compressés.
B   Les formats de fichiers fermés ou propriétaires.
C   Les formats de fichiers ouverts.
D   Les formats exécutables.

Q51.10 : Lesquels de ces formats prennent en charge la mise en forme ?
A   Le format .TXT.
B   Le format .DOC.
C   Le format .RTF.
D   Le format .PNG.
E   Le format .JPG.

Q52.01 : Que peut-on dire des formats PNG et GIF ?
A   Il s'agit de formats images.
B   Le nombre de couleurs est limité à 16 couleurs.
C   Ce sont des formats matriciels.
D   Ils sont pris en charge par la plupart des navigateurs.

Q52.02 : Que peut-on dire du format "JPEG" ?
A   C'est un format d'image vectorielle.
B   C'est un format d'image compressé.
C   C'est un format d'image limité à 256 couleurs.
D   C'est un format d'image pris en charge par les navigateurs.

Q52.03 : Que peut-on dire de HTML ?
A   Il s'agit d'un langage de programmation informatique.
B   C'est un protocole de communication sur Internet.
C   C'est une extension de fichiers XML archivés.
D   C'est un langage à balises permettant de créer des pages web.

Q52.04 : Lesquels de ces formats sont ouverts ?
A   Le format de documents HTML.
B   Les fichiers ayant comme extensions .odt.
C   Le format de fichiers Microsoft Word 97/XP/2000.
D   Le format .docx.

Q52.05 : Quelle est la particularité d'une image vectorielle ?
A   Il s'agit du format de fichier utilisé par nos smartphones.
B   A partir d'un logiciel adapté, on peut agrandir l'image sans l'a dégrader.
C   L'image est forcément monochrome.
D   La taille du fichier n'est pas proportionnelle à la taille du dessin.

Q52.06 : Qu'est-ce qui fait qu'un format est dit « ouvert » ?
A   Sa spécification est publique.
B   Il n'est pas possible de l'utiliser à l'aide d'un logiciel payant.
C   Il ne comporte pas de caractères spéciaux.
D   Il s'agit d'un format évolutif et non figé.

Q52.07 : Que faut-il pour qu'un logiciel puisse exploiter correctement les fichiers issus d'un autre logiciel ?
A   Que les deux logiciels soient du même éditeur.
B   Que le format de fichier soit forcément « ouvert ».
C   Que les deux logiciels aient été créés depuis moins de un an.
D   Que le second logiciel accepte l'ouverture de fichiers dans le format de fichier utilisé initialement.

Q52.08 : Lors d'un échange d'un document dont le format n'est pas reconnu, que peut-il se passer ?
A   Le document peut ne pas s'ouvrir même en lecture.
B   Le document est susceptible de contenir un virus.
C   Le document ne pourra pas être échangé via la messagerie.
D   Le document ne peut pas être dupliqué sur une clé USB.

Q52.09 : Un fichier rassemblant plusieurs fichiers en un seul est :
A   Un dossier.
B   Une archive.
C   Une sauvegarde.
D   Un raccourci.

Q52.10 : Que peut-on dire à propos de la compression d'une archive ?
A   Le taux de compression dépend des capacités internes de la machine.
B   Il s'agit d'une compression sans perte d'informations.
C   La compression ne s'applique qu'aux images non compressées.
D   Le taux de compression est identique sur tous les fichiers archivés.

Q53.01 : Comment envoyer 4 photos en une seule pièce jointe ?
A   Créer un fichier Word et y insérer les 4 photos, puis l'envoyer
B   Les placer dans un même dossier.
C   Diminuer la taille des photos.
D   Créer une archive.

Q53.02 : Lesquels sont des supports de sauvegarde amovibles ?
A   Le disque dur externe.
B   L'espace de stockage de l'ENT.
C   La RAM.
D   La clé USB.

Q53.03 : **Quel logiciel utiliser pour créer une archive d'extension zip / rar ?**
    A   Un logiciel de messagerie.
    B   Un logiciel de synthèse vocale.
    C   Un logiciel de compression/décompression.
    D   Un logiciel de traitement d'images.

Q53.04 : **Quelles options sont possibles quand on crée une archive ?**
    A   Ne sélectionner que certains fichiers parmi une liste, un dossier.
    B   Créer une archive auto-extractible.
    C   Mélanger les fichiers archivés.
    D   Protéger l'archive par un mot de passe.

Q53.05 : **Qu'utilise-t-on pour réduire le poids d'un fichier ?**
    A   La compression.
    B   Le cryptage.
    C   La restauration.
    D   Le décryptage.

Q53.06 : **Qu'est-il conseillé de faire pour pérenniser ses données ?**
    A   Mettre à jour la date de dernière modification des fichiers.
    B   Compresser / archiver ses fichiers pour limiter le risque d'infection virale.
    C   Recopier ses sauvegardes sur des supports récents et fiables.
    D   Sauvegarder régulièrement ses données sur des espaces dédiés sur Internet (Cloud).

Q53.07 : **Lorsqu'on utilise un service de stockage en ligne, on doit connaître :**
    A   La localisation géographique exacte du serveur de stockage.
    B   Le quota de stockage autorisé.
    C   La politique de sauvegarde du service.
    D   La version du système d'exploitation du serveur de stockage.

Q53.08 : **Quand on consulte un site, quelle est l'information transmise par le navigateur qui indique au serveur web où acheminer la page demandée ?**
    A   L'URL.
    B   L'adresse IP.
    C   L'identifiant.
    D   L'adresse électronique.

53.09 **Dans un tableur, que signifie « ###### » dans une cellule ?**
    A   Le format de nombre n'est pas compatible avec la donnée.
    B   La colonne est trop étroite pour afficher le résultat tout entier.
    C   La formule contient une erreur.
    D   La formule n'a pas de sens du point de vue mathématique.

Q53.10 : **Dans un tableur, que peut contenir une formule ?**
    A   Un opérateur arithmétique.
    B   Un format.
    C   Une référence de cellule.
    D   Un nombre.

Investissez dans les exercices pratiques

Bien que la plateforme Pix permette également de s'évaluer et au-delà de cette première salve de QCM, il est fortement recommandé aux lecteurs de pratiquer dès que cela est possible afin de gagner en aisance au travers d'exercices couvrant les 5 domaines abordés.

Ces exercices consistent, entre autres, à manipuler pour mieux maîtriser :

- L'usage de la recherche de type avancée.

- L'analyse de mails douteux.

- Le déroulé d'une stratégie de sauvegarde dans un contexte particulier.

- La citation précise d'une référence bibliographique en ligne.

- L'organisation de fichiers, dossiers via le gestionnaire de fichiers.

- Les outils d'archivage en sachant créer ou mettre à jour un fichier .zip.

- Etc …

Enfin, si la bonne maîtrise de la manipulation des documents numériques est systématiquement évaluée et constitue à elle seule une épreuve pratique redoutée, elle nécessite un investissement et une attention particulière. Rappelons ici que l'usage d'une suite unique est recommandé en ce qui concerne le traitement de texte, le tableur et les présentations.

En effet, toutes les manipulations, icônes, menus, raccourcis permettrons facilement de naviguer de manière intuitive sur chacun de ces outils. Mais certaines manipulations ne deviendront véritablement évidentes qu'après une bonne pratique.

Ainsi, en ce qui concerne le traitement de texte, les modifications de styles, l'ajustement des numérotations hiérarchiques, la mise en place et le paramétrage des tables sont autant d'exemples qui exigent d'y consacrer du temps.

Pour le tableur, on s'attardera essentiellement sur la manipulation de données au travers des tris et des filtres sans oublier les représentations graphiques et l'usage des formules les plus utilisées.

Pour les présentations, la création, modification et manipulations des masques sans oublier les transitions et autres animations seront au cœur des exercices pratiques qu'il convient également de maîtriser.

Correction des QCM

La grille des bonnes réponses aux QCM :

	01	02	03	04	05	06	07	08	09	10
Q11	A	A	B	A	C	B	AC	B	ACE	B
Q12	BCE	C	A	E	A	D	D	C	AB	BC
Q13	BD	B	BCD	ABD	A	C	B	C	A	C
Q14	A	B	ACD	C	CD	C	BC	CD	B	CD
Q21	D	B	D	CD	C	B	C	ABC	B	B
Q22	C	C	BC	D	ADE	BCE	D	A	B	C
Q23	D	D	C	C	ABD	D	A	D	A	ACD
Q24	A	B	B	C	AD	B	D	AE	C	BE
Q31	D	D	C	D	D	C	BCD	D	DE	A
Q32	DE	D	C	C	C	BCD	A	CD	BC	ABCE
Q33	A	A	A	BCD	A	C	C	BCE	ACD	D
Q34	B	CD	B	ABD	D	BE	E	B	B	C
Q35	D	B	C	B	ABC	C	B	ACE	B	AD
Q41	ACE	D	CD	E	A	A	C	ACD	B	C
Q42	AD	C	ABC	B	B	AD	C	B	D	BCE
Q43	B	BC	BC	AB	BD	D	A	C	D	B
Q44	B	D	BD	B	D	C	C	B	C	B
Q51	AC	C	C	ABD	AD	CD	D	B	C	BC
Q52	ACD	BD	D	CE	BD	A	D	A	B	B
Q53	E	AD	C	ABD	A	CD	BC	B	B	ACD

VII.   ALLER PLUS LOIN ...

Comme indiqué tout au début de cet ouvrage, travailler et approfondir toutes ces connaissances bien diverses en informatique sont une première étape dans la perspective de la certification Pix. Il est aussi important de mesurer qu'il s'agit là de la mise en place de bases solides et de notions fondamentales assurant un socle essentiel de maîtrise du numérique pour l'avenir.

Que ce soit dans le cadre d'un parcours scolaire, professionnel ou pour un usage strictement personnel, les nouvelles technologies de l'information évoluent sans cesse et nous devons rester en capacité à nous adapter à ces changements qui transforment parfois nos manières de communiquer, de travailler et de vivre.

Les interconnexions ne vont pas s'arrêter là, bien au contraire et nous devons nous attendre encore à de nombreux bouleversements en ce qui concerne les échanges de données, leur traitement (Big Data) sans oublier l'interaction d'Internet dans nos pratiques les plus élémentaires et quotidiennes.

Aussi, restez connectés à la plateforme Pix qui proposera régulièrement des séances de mises à jour, des incitations pour progresser et évoluer encore dans un domaine ou un autre.

Enfin, j'espère que ce livre vous aura permis de mieux comprendre le monde du numérique qui nous entoure et aura éveillé en vous une envie plus grande d'en savoir toujours (et encore) un peu plus.

VIII.   INDEX LEXICAL

Index Lexical

IX. BIBLIOGRAPHIE

Cette rubrique concerne les références des sources d'informations ayant permis d'illus-trer cet ouvrage et dont les URL sont cités dans les différents domaines abordés. Malgré une extrême vigilance, certaines références ont pu échapper à ce référencement. Merci par avance pour vos retours afin que les corrections relatives aux auteurs et sites concer-nés puissent être apportées dès que possible.

Direction Générale de l'Enseignement Supérieur, de la recherche et de l'innovation - **Pla-teforme PIX** [En ligne]. 2015, https://pix.fr/ (consulté le 25.07.2021)

CNIL – Commission Nationale Informatique et Libertés (En Ligne). 2017 disponible sur <http://www.cnil.fr/> (consulté le 25.07.2021)

Encyclopédie collective en ligne **WIKIPEDIA** [En Ligne]. 2017 disponible sur <http://www.wikipedia.fr/index.php> (consulté le 20.07.2021)

CCM Benchmark Group - **Comment Ca Marche** [En Ligne] 2017. Disponible sur <http://www.commentcamarche.net/> (consulté le 14.07.2021)

KASPERSKY.LAB – **Menaces informatiques en temps rée**l [En Ligne] 2017. Disponible sur https://cybermap.kaspersky.com/ (consulté le 17.07.2021)

RegionsJob – **Blog du modérateur** [En Ligne]. 2017 Disponible sur http://www.blogdu-moderateur.com/) (consulté le 14.07.2021)

InFoComplexe Backup- **Sauvegardes Informatiques** [En Ligne]. 2021 Disponible sur <http://icbackup.com/statistique.aspx?langage=fr)> (consulté le 10.07.2021)

W3C – Recommendations World Wide Web [En Ligne]. 2021 disponible sur http://www.w3.org (consulté le 14.04.2021)

ISO – Organisation Internationale de Normalisation [En Ligne]. 2020 Disponible sur https://www.iso.org/ (consulté le 14.05.2021)

AFNOR - : Association Française de Normalisation [En Ligne]. 2021 Disponible sur <http://www.afnor.org/> (consulté le 21.04.2021)

LibreOffice – Libre Office The Document Foundation [En ligne]. 2021 Disponible sur https://www.libreoffice.org/ (consulté le 27.07.2021)

Iprotego – Droit à l'oubli numérique [En Ligne]. 2021 Disponible sur http://www.droit-ou-bli-numerique.org/ (consulté le 14.07.2021)

Codeurs.com – **Outils de la é-réputation** [En Ligne]. 2020 Disponible sur https://www.codeur.com/blog/outils-e-reputation/ (consulté le 14.06.2021)

HADOPI – Haute Autorité pour la diffusion des œuvres et la protection des droits sur Internet [En Ligne]. 2020 Disponible sur https://www.hadopi.fr/ (consulté le 10.07.2021)

Creative Commons Org [En Ligne]. 2021 https://creativecommons.org/licenses/?lang=fr-FR (consulté le 14.07.2021)

HOAXBUSTER.COM - Recensement des rumeurs du web [En Ligne]. 2021 Dispon,ible sur http://www.hoaxbuster.com/ (consulté le 14.06.2021)

BIBLIOGRAPHIE

Cet ouvrage est l'œuvre de Pierre Bekler (Pierre.Bekler@gmail.com) et est disponible dans les formats Ebook ou broché (papier) sur Amazon.fr.

Si vous êtes satisfait de ce livre et que celui-ci répond à vos attentes, merci de bien vouloir publier vos avis et évaluations sur Amazon.fr. Vos précieux retours permettront d'adapter et de faire évoluer les versions des ouvrages à venir.

Crédits photographiques et croquis :

Illustrations : Pixabay / Wikipédia / FreePng

Couverture : Image par Gerd Altmann de Pixabay

Maquette intérieure : Pierre Bekler

Mise en pages : Pierre Bekler

Édition / Impression : Amazon

*Imprimé à la demande par
Kindle Direct Publishing,
an Amazon.com Company*

Référencement ouvrage version Papier V2.5 du 17 novembre 2022

ISBN : 9798364141392

Printed in France by Amazon
Brétigny-sur-Orge, FR

15522992R00123